普通高等学校城市轨道交通专业规划教材
组织委员会

主　任	罗　斌　王丰胜
副主任	储继红　胡勇健　刘明亮　李　锐
委　员	郑　斌　廉　星　刘蓉蓉　朱海燕　李建洋　娄　智
	杨光明　左美生

普通高等学校城市轨道交通专业规划教材
编写委员会

主　编	李　锐　刘蓉蓉					
副主编	郑　斌　段明华					
编　委	张国侯	李宇辉	穆中华	左美生	娄　智	李志成
	兰清群	钟晓旭	李队员	王晓飞	李泽军	李艳艳
	颜　争	彭　骏	黄建中	周云娣	陈　谦	黄远春
	田　亮	文　杰	任志杰	李国伟	薛　亮	牛云霞
	张　荣	苏　颖	孔　华	高剑锋	储　粲	孙醒鸣
	罗　涛	胡永军	洪　飞	韦允城	吴文苗	钟　高
	张诗航	张敬文	武止戈	吴　柳	赵　猛	沙　磊
	吴　仃	赵瑞雪	聂化东	彭元龙	胡　啸	干　慧
	项红叶	马晓丹	孙　欣	邹正军	余泳逸	

普通高等学校"十三五"省级规划教材
普通高等学校城市轨道交通专业规划教材

城市轨道交通
屏蔽门技术与应用

主　编　彭骏　钟高
编写人员（以姓氏笔画为序）
　　　　干慧　钟高　项红叶
　　　　赵瑞雪　聂化东　彭骏

中国科学技术大学出版社

内容简介

本书按照屏蔽门检修工的工作内容和企业岗位标准,将教材内容分为技术篇和应用篇两个部分。技术篇着重于讲述屏蔽门设备原理和运行原理,应用篇着重于促进学生开展岗位实践,增强维修及保养屏蔽门的动手能力,从而使学生做到理论与实践结合,达到企业的人才要求。

本书可供高校城市轨道交通专业学生使用,也可供相关行业技术人员参考。

本书著作权由安徽交通职业技术学院与合肥市轨道交通集团有限公司共同拥有。

图书在版编目(CIP)数据

城市轨道交通屏蔽门技术与应用/彭骏,钟高主编. —合肥:中国科学技术大学出版社,2022.2

安徽省高等学校"十三五"省级规划教材

ISBN 978-7-312-05364-1

Ⅰ. 城… Ⅱ. ①彭… ②钟… Ⅲ. 城市铁路—轨道交通—站台—安全门—高等学校—教材 Ⅳ. U239.54

中国版本图书馆 CIP 数据核字(2022)第 019857 号

城市轨道交通屏蔽门技术与应用
CHENGSHI GUIDAO JIAOTONG PINGBIMEN JISHU YU YINGYONG

出版	中国科学技术大学出版社
	安徽省合肥市金寨路96号,230026
	http://press.ustc.edu.cn
	http://zgkxjsdxcbs.tmall.com
印刷	安徽省瑞隆印务有限公司
发行	中国科学技术大学出版社
经销	全国新华书店
开本	787 mm×1092 mm 1/16
印张	10.75
字数	275 千
版次	2022年2月第1版
印次	2022年2月第1次印刷
定价	32.00 元

总　序

本套教材根据城市轨道交通运营管理、城市轨道交通通信信号技术、城市轨道交通车辆技术、城市轨道交通机电技术、城市轨道交通供配电技术专业的人才培养需要，结合对职业岗位能力的要求，由安徽交通职业技术学院、南京铁道职业技术学院、郑州铁路职业技术学院、上海工程技术大学、沈阳交通高等专科学校、新疆交通职业技术学院、合肥职业技术学院、合肥铁路工程学校、合肥市轨道交通集团有限公司、深圳城市轨道交通运营公司、杭州城市轨道交通运营公司、宁波城市轨道交通运营公司、郑州铁路局等单位共同编写。

本套教材整合了国内主要城市轨道交通运营企业现场作业的内容，以实际工作项目为主线，以项目中的具体工作任务作为知识学习要点，并针对各项任务设计模拟实训与思考练习，实现了通过课堂环境模拟现场岗位作业情景促进学生自我学习、自我训练的目标，体现了"岗位导向、学练一体"的教学理念。

本套教材涵盖城市轨道交通运营管理、城市轨道交通通信信号技术、城市轨道交通车辆技术、城市轨道交通机电技术、城市轨道交通供配电技术专业，可作为以上各相关专业课程的教材，并可供相关城市轨道交通运营企业相关人员参考。

普通高等学校城市轨道交通专业规划教材
编写委员会

前　言

"城市轨道交通屏蔽门技术与应用"是城市轨道交通机电技术专业方向的一门技术应用课程,旨在培养学习者对城市轨道屏蔽门系统的应用能力和对突发事件的处理能力。随着地铁系统智能化技术的快速发展和应用,相关岗位员工需要具备相应的知识和技术能力。

为适应全面提高高等职业教育教学质量和培养面向生产、建设、服务、管理第一线需要的高技能人才的要求,本书立足于高等职业教育人才培养目标,本着"理论与实践一体化"的原则,在内容安排上力求由浅入深,循序渐进,以实用为宗旨,以应用为目的,结合城市轨道交通屏蔽门系统近几年的发展,重点介绍屏蔽门门体结构、门机装置、电源系统及维护检修等方面内容,力求图文并茂。

全书分为技术篇和应用篇两个部分,其中技术篇介绍城市轨道交通屏蔽门系统结构、工作原理及系统接口等,共7章;应用篇介绍城市轨道交通屏蔽门系统施工运营管理规范、操作规程标准、检修规程标准,共4章。

本书内容全面、重点突出、层次清晰、结构新颖、实用性强,可作为高校轨道交通类、智能交通类、机电类等专业相关课程的教材,也可作为地铁相关工程技术人员的入职培训教材和参考书。

本书第1、7、9章由安徽交通职业技术学院彭骏编写,第2章由合肥职业技术学院干慧编写,第3、6章由合肥铁路工程学校聂化东编写,第4、5章由合肥职业技术学院赵瑞雪编写,第8章由合肥铁路工程学校项红叶编写,第10、11章由合肥市轨道交通集团有限公司运营分公司钟高编写。全书由彭骏统稿,由安徽交通职业技术学院李锐审稿。

由于时间仓促,加之编者水平有限,书中难免有不妥之处,敬请广大读者批评指正。

编　者

术 语 表[①]

名　　称	英文缩写	名　　称	英文缩写
站台屏蔽门/屏蔽门	PSD	国家标准	GB
滑动门	ASD	热继电器	FR
应急门	EED	直流电	DC
固定门	FIX	交流电	AC
端门	MSD	运营控制中心/控制中心	OCC
中央控制盘	PSC	直流不间断电源	UPD
报警控制盘	PSA	交流不间断电源	UPS
紧急控制盘	PSE	顶箱指示灯	DCI
推杆锁	PBL	集成控制器	MCU
就地控制盒	LCB	控制电源柜	CPS
就地控制盘	PSL	断路器	QF
门控单元/门机控制器	DCU	集成控制器	MCU
综合后备盘	IBP	发光二极管	LED
综合监控系统	ISCS	中间接线器	KA
逻辑单元控制器/单元控制器	PEDC	防尘防水等级	IP
信号系统/信号	SIG	模拟转换器	ADC
控制器域网	CAN	电路维修系统	CMS
便携式检测设备	PTE	电视广播制式	PAL
控制器局域网	CAN	变频器	INV

[①] 为了使文中前后文表述更加连贯及与段落整体叙述一致,文中个别地方存在中文、英文术语共存的现象。

目 录

总序 ·· (i)

前言 ·· (iii)

术语表 ··· (iv)

第1篇 技 术 篇

第1章 城市轨道交通屏蔽门系统概述 ·· (2)
1.1 屏蔽门概述 ··· (2)
1.2 屏蔽门系统的组成 ·· (6)
1.3 屏蔽门的功能与发展趋势 ·· (11)
1.4 屏蔽门系统技术要求 ·· (14)
技术训练 ·· (16)

第2章 城市轨道交通屏蔽门门体结构 ··· (17)
2.1 屏蔽门门体 ··· (17)
2.2 屏蔽门承重结构 ··· (27)
2.3 屏蔽门顶箱和门槛 ·· (28)
技术训练 ·· (32)

第3章 城市轨道交通屏蔽门门机装置 ··· (33)
3.1 门机驱动装置 ·· (33)
3.2 门机控制器 ··· (38)
3.3 半高屏蔽门门机装置 ·· (41)
技术训练 ·· (42)

第4章 城市轨道交通屏蔽门电源系统 ··· (43)
4.1 屏蔽门电源系统 ··· (43)
4.2 驱动电源 ·· (45)
4.3 控制电源 ·· (48)
4.4 屏蔽门UPS电源系统 ·· (51)

技术训练 ·· （57）

第5章　城市轨道交通屏蔽门监控系统 ····································· （58）
　5.1　城市轨道交通屏蔽门控制系统 ··· （59）
　5.2　城市轨道交通屏蔽门监视系统 ··· （66）
　　技术训练 ·· （70）

第6章　城市轨道交通屏蔽门安全设施 ····································· （71）
　6.1　缝隙瞭望灯带及防踏空胶条警示灯带 ··································· （71）
　6.2　防夹挡板、防攀爬斜板及防踏空胶条 ··································· （73）
　6.3　激光探测报警装置 ··· （75）
　6.4　屏蔽门绝缘设施 ··· （79）
　6.5　门状态指示灯及蜂鸣器 ··· （83）
　　技术训练 ·· （86）

第7章　城市轨道交通屏蔽门设备接口 ····································· （87）
　7.1　屏蔽门系统与信号系统接口 ··· （87）
　7.2　屏蔽门系统与综合监控系统接口 ······································· （90）
　7.3　屏蔽门系统与低压配电系统接口 ······································· （94）
　7.4　屏蔽门系统与土建专业接口 ··· （95）
　7.5　屏蔽门系统与轨道专业接口 ··· （96）
　　技术训练 ·· （97）

第2篇　应　用　篇

第8章　城市轨道交通屏蔽门设备规范 ····································· （100）
　8.1　地铁设计规范 ··· （100）
　8.2　屏蔽门系统技术规范 ··· （101）
　8.3　屏蔽门系统运营管理规范 ··· （109）
　　技术训练 ·· （111）

第9章　城市轨道交通屏蔽门操作 ··· （112）
　9.1　屏蔽门操作要求 ··· （112）
　9.2　信号及设备操作 ··· （113）
　9.3　门体操作 ··· （120）
　　技术训练 ·· （123）

第10章　城市轨道交通屏蔽门常见故障及处理 ····························· （124）
　10.1　屏蔽门故障应急处理 ·· （125）
　10.2　屏蔽门故障分析及处理 ·· （132）
　　技术训练 ·· （136）

第11章　城市轨道交通屏蔽门设备检修 ···································· （137）
　11.1　屏蔽门检修工器具及仪器仪表 ·· （137）
　11.2　屏蔽门安全规定 ·· （147）
　11.3　屏蔽门检修标准 ·· （148）

参考文献 ·· （160）

第1篇 技 术 篇

第1章　城市轨道交通屏蔽门系统概述

1.1　屏蔽门概述

1.1.1　屏蔽门的概念

城市轨道交通车站屏蔽门是20世纪80年代发展起来的一种先进的轨道交通车站机电一体化设备。1983年,法国里尔地铁采用自动捷运系统,自动捷运系统的生产商马特拉公司(Matra)向瑞士的玻璃门生产商 Kaba Gilgen 为列车月台特别定做自动滑门。里尔地铁是世界上最早安装玻璃屏蔽门的地铁。1987年,新加坡地铁同样采用玻璃屏蔽门。其后,欧洲及亚洲多个地区的铁路系统相继采用屏蔽门。目前,使用屏蔽门已成为铁路系统的保障标准措施之一,如图1.1所示。

图1.1　英国伦敦地铁

我国第一条安装屏蔽门设备的地铁线路是2002年12月开始运营的广州地铁2号线。随后,上海、深圳、天津、北京等城市地铁线路陆续开始引入屏蔽门设备。随着地铁屏蔽门的普及,国内多家屏蔽门生产企业也逐渐打破了其核心技术被国外几家企业垄断的局面,深圳方大集团于2006年4月率先研发出国产化屏蔽门系统,并且于2007年3月与深圳地铁签订了1号线续建工程地铁屏蔽门系统的总承包合同,这标志着我国在地铁屏蔽门技术上打破国外技术垄断,实现了国产化。

国外主要的屏蔽门品牌有西屋、法维莱、卡巴、纳博克、松下电工等,国内品牌有方大、今创、川仪、上海嘉成、南京康尼、西子孚信、沈阳远大、新科佳都、中车集团等。随着科学技术的不断创新和发展,特别是与计算机网络技术、嵌入式系统、智能控制技术的结合,屏蔽门系统运行与维护更加标准化、智能化,能够为乘客营造更加安全、舒适的候车环境。

在《城市轨道交通站台屏蔽门系统技术规范》(CJJ 183—2012)中,屏蔽门的定义为"设置在站台边缘,将乘客候车区与列车运行区相互隔离,并与列车门相对应、可多级控制开启与关闭滑动门的连续屏障,有全高、半高、密闭和非密闭之分,简称屏蔽门"。所以,城市轨道交通车站屏蔽门系统是集建筑学、机械学、电子工程学、自动化控制技术、计算机网络技术等学科于一体的综合性智能化门控系统,常设置于城市轨道交通、轻轨等轨道交通车站站台。

1.1.2 屏蔽门系统类型

1. 封闭式屏蔽门系统

封闭式屏蔽门系统是一道从车站站顶向下延伸到车站站台并沿车站站台边缘安装,把车站站台候车区与列车轨行区完全隔断的全封闭式玻璃隔墙或闸门,如图1.2所示。封闭式屏蔽门系统把车站候车区域与列车运行区域完全隔开,不仅避免了乘客因上下车拥挤或意外等因素掉入轨道,还减少了车站内空调能量损耗,同时为乘客提供了一个安全、节能、舒适的乘车环境。

图1.2 封闭式屏蔽门系统

国内最早采用封闭式屏蔽门系统的是广州地铁2号线,根据广州地铁统计,采用封闭式屏蔽门系统后,车站内空调能量消耗节约20%以上。

2. 非封闭式屏蔽门系统

非封闭式屏蔽门又称开放式屏蔽门,屏蔽门设备未完全隔绝车站列车运行区和乘客候车区。此类屏蔽门可分为全高式屏蔽门系统、半高式屏蔽门系统和电动栏杆式屏蔽门系统。

(1) 全高式屏蔽门系统

全高式屏蔽门系统与封闭式屏蔽门系统相比较,两者的结构形式基本相同,全高式屏蔽门系统在门体上部与车站顶部留有一定间隙,门体下部根据设计需要可设置通风口,如图1.3所示。北京地铁5号线、10号线车站屏蔽门系统采用全高式屏蔽门系统,同时南京地铁、西安地铁等也安装有全高式屏蔽门系统。

图1.3 全高式屏蔽门系统

全高式屏蔽门系统的门体一般高2.4—2.6 m,门体结构与车站顶部之间预留0.5 m左右的间隙。由于车站候车区与列车行驶区域未完全隔断,站台与车站之间存在空气流动,所以全高式屏蔽门系统无法实现节能、减噪等功能,相对于封闭式屏蔽门系统舒适性较差,但仍可避免乘客掉入轨道,具有与封闭式屏蔽门系统同样安全的优点。

(2) 半高式屏蔽门系统

半高式屏蔽门系统的门体结构高度一般为1.2—1.7 m,安装在站台边缘,将站台区域与轨道区域分隔开来,主要目的是提高安全性。与全高式屏蔽门系统相比,其主要的功能和特点是可防止乘客因拥挤或意外掉下站台,保证乘客的安全。同时,半高式屏蔽门系统还具有安装简单快捷、与土建接口较少、造价较低、建设周期短等优点,如图1.4所示。

图 1.4 半高式屏蔽门系统

半高式屏蔽门系统一般用于地面车站或高架车站,合肥地铁 3 号线、广州地铁 4 号线、上海地铁 1 号线等线路中部分车站都采用了半高式屏蔽门系统。

(3) 电动栏杆式屏蔽门系统

电动栏杆高度一般为 1.2—1.5 m,安装在站台边缘,将站台区域与轨道区域分隔开来,主要目的是提高安全性。与前几种形式相比,其主要的功能和特点是结构简单、造价低、安装简单快捷、与土建接口较少、建设周期短、整体重量轻。电动栏杆适用于老地铁线改造,如图 1.5 所示。

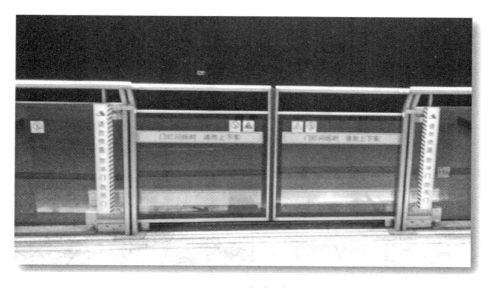

图 1.5 电动栏杆

1.2 屏蔽门系统的组成

屏蔽门系统是一种应用于城市轨道交通车站内的机电设备,主要由机械和电气两部分组成:机械部分主要包括门体结构和门机系统;电气部分主要包括控制系统、电源系统及监视系统。图1.6为屏蔽门系统框架简图。

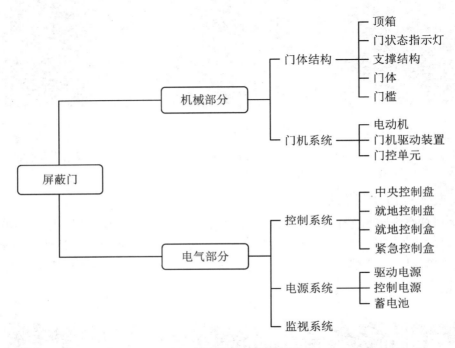

图1.6　屏蔽门系统框架简图

1.2.1　屏蔽门机械部分组成

1. 门体结构

屏蔽门系统的门体结构主要包括滑动门、应急门、端门、固定门、钢架、顶箱、门槛、支撑结构(全高式屏蔽门)和固定侧盒(半高式屏蔽门)等,如图1.7所示。

(1) 滑动门

滑动门是在车站正常运营期间乘客上下列车的通道,一般一道滑动门与一道列车门对应。滑动门应有锁紧装置,门关闭后可防止乘客在候车区强行打开滑动门,避免乘客进入列车行驶区域。

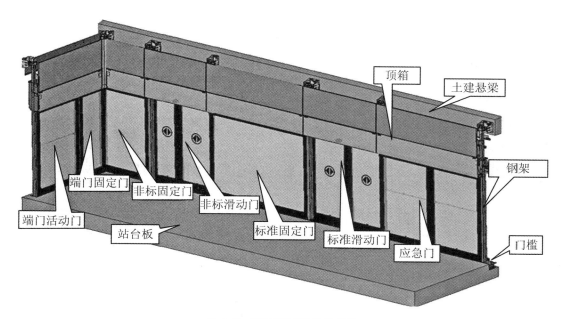

图 1.7 屏蔽门系统门体结构

(2) 应急门

应急门是在紧急情况下当故障列车进站后,滑动门无法打开时,对乘客进行紧急疏散的通道。

(3) 端门

端门设置在站台两端,作为站台到区间隧道和设备室区域的进出通道。

(4) 固定门

固定门由不能开启的玻璃隔墙组成,连接所有可活动门以外的其他门体部分,以达到封闭和美观的效果。

(5) 钢架

钢架是系统的承重结构,分为支撑结构(全高式屏蔽门)和固定侧盒(半高式屏蔽门)。屏蔽门的支撑结构一般包括立柱、下面的底座以及上方支撑组件。底座通过绝缘件与站台板依靠螺栓进行连接,既牢固可靠,又可以保证屏蔽门系统与站台板地面绝缘隔离。

(6) 顶箱

顶箱是安装屏蔽门驱动部件、控制部件和连接部件的空间,起密封保护作用。半高安全门没有顶箱,对应的空间为固定侧盒。

(7) 门槛

门槛即踏步板,是乘客上下车需要踩踏的部件,一般采用铝合金材料,表面上用一种凸凹结构做防滑处理,门槛位于所有能够滑动的门体下端,要求安装拆卸方便,同时它与站台板进行绝缘固定,以防止乘客触电。

2. 门机系统

门机系统通过驱动机构和传动机构驱动门体水平移动，实现滑动门的打开和关闭。门机系统一般由驱动机构、传动装置、悬挂装置、锁紧及解锁装置组成，具体构件如图1.8所示。

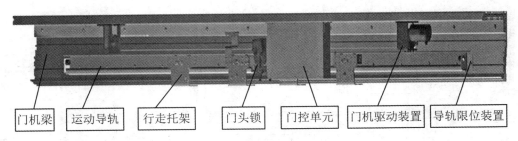

图1.8 屏蔽门系统门机结构

（1）驱动机构

驱动机构是滑动门运动的驱动部件。屏蔽门系统常采用直流永磁电机进行驱动，其电机调速性能和输出转矩均应满足门扇运动曲线和动力曲线的要求。电机应采用减震安装方式，应拆卸方便，便于更换损坏电机。

（2）传动装置

传动装置是电机与滑动门的力传导装置，常为单电机同轴驱动（边门可特殊处理，但必须保证两扇门同步运行），多采用同步齿形带传动，也可以是滚珠螺杆传动。

（3）悬挂机构

悬挂机构是指将滑动门悬挂在门机梁上的相关固件。

（4）锁紧及解锁装置

锁紧及解锁装置是滑动门、应急门、端门的锁扣。滑动门的锁紧及解锁装置由导轨和滑块组成。有自动和手动两种功能：正常情况下通过电气线路控制实现门体自动锁紧和解锁功能；非正常情况下可以人工解锁。乘客可从轨道侧推压开门推杆等方法开门，站台人员可用钥匙从候车区开门。应急门、端门的锁紧及解锁装置由人工操作。

1.2.2 屏蔽门电气部分组成

1. 电源系统

屏蔽门电源系统可分为控制电源和驱动电源。控制电源主要为屏蔽门系统控制设备提供动力来源，保证屏蔽门与信号系统、综合监控系统及设备本身控制系统的运行。驱动电源主要为屏蔽门系统和附属设备提供动力来源，保证屏蔽门机械部件和附属设备正常运行和动作。

屏蔽门电源系统由两路交流供电回路相互独立设置，保证屏蔽门正常运行，并配置独立蓄电池组,确保在失去市电的情况下,可以有后备电能供应,满足疏散乘客的要求。

屏蔽门控制电源和驱动电源设置有相应配电柜。车站为屏蔽门系统设备提供专用设备房间,屏蔽门电源设备一般设置于屏蔽门设备室内,如图1.9所示。

图1.9 屏蔽门设备室

2. 控制与监视系统

屏蔽门控制系统是屏蔽门在正常和非正常运行情况下,保证设备和人身安全的装置。屏蔽门监视系统是指监控屏蔽门设备运行状态,并进行状态反馈的装置。屏蔽门控制与监控系统通过与信号系统进行信息交换,对屏蔽门的开门、关门进行控制,保证正常情况下屏蔽门的开门、关门与列车车门动作同步,在紧急状态下能保证乘客安全疏散。

控制与监视系统包括中央控制盘(PSC)、就地控制盘(PSL)、门机控制器(DCU)和就地控制盒(LCB)、控制局域网、软件、监视报警装置、网间通信协议转换器、通信介质和通信接口模块等。控制与监视系统具有控制和检测两项基本功能。控制模式按操作的方式和地点不同分为5种:系统级控制、车站级控制、站台级控制和就地级控制。这4种控制方式可分别实现屏蔽门系统的3种运行模式,即系统控制级、站台控制级(含PSL控制和紧急模式IBP控制)和手动操作(站台侧用钥匙或轨道侧用把手开关门和LCB控制)。其中以手动操作优先级最高,IBP控制模式优先级比PSL控制模式高,系统级控制优先级别最低。

控制与监视系统以车站为单位构成独立的监控系统,具备抗电磁干扰的能力。屏蔽门系统中所有设备的状态信息均通过现场总线传达到屏蔽门控制子系统的主控单元上,可以查询到所监视设备的状态,主要包括屏蔽门的运行及系统状态、障碍物探测、故障信息采集和报警等,如图1.10所示。

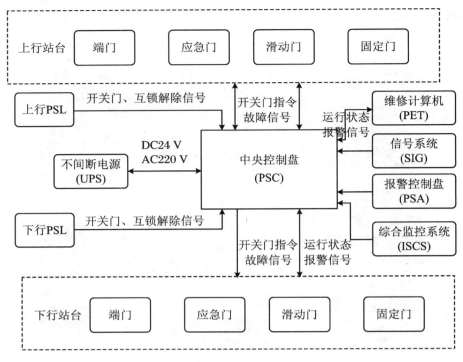

图 1.10 屏蔽门控制系统示意图

3. 屏蔽门接口组成

城市轨道交通系统是一个多设备集合的综合系统,屏蔽门系统是其中一个子系统。屏蔽门系统与城市轨道交通其他子系统进行物理接触或信号传递,保证城市轨道交通正常运行。与屏蔽门系统有接口的系统包括信号系统、土建系统、低压配电系统、轨道工程、装修工程等,接口关系如图 1.11 所示。

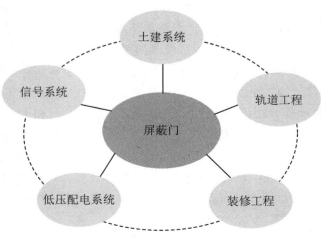

图 1.11 屏蔽门接口关系

1.3 屏蔽门的功能与发展趋势

1.3.1 屏蔽门的功能

1. 保证安全

在隧道内,列车高速运行时会产生强烈的空气活塞效应。当列车进入或离开站台时,活塞风的吹吸作用将会给在站台上候车的乘客带来一定的危险。安装屏蔽门后,使乘客与隧道区间隔离开来,可避免乘客出现以下安全隐患:

① 防止乘客被列车活塞风吹吸发生跌倒而跌入轨道。
② 防止乘客因车站客流拥挤而跌入轨道。
③ 防止乘客做出卧轨自杀、推人入轨等行为。
④ 防止站台区垃圾、杂物进入轨道区。
⑤ 防止隧道中的灰尘进入站台区。
⑥ 防止乘客跨越轨道等行为。
⑦ 防止小孩玩耍跌入轨道。
⑧ 避免乘客跟着列车门随车奔跑。
⑨ 避免乘客被运行的列车拖拽。
⑩ 避免无关人员进入隧道区间。
⑪ 减少司机对站台的瞭望次数,大幅度地减轻司机的思想负担。

另外,滑动门具有防夹功能,一旦滑动门在关门过程中夹人夹物,系统将驱使滑动门再次打开,这样可有效减少夹人、夹物的事故发生。

2. 减少能源消耗

大部分城市轨道交通线路建设在地下的空间内,除了车站出入口和通风道口外,城市轨道交通基本上是与外界隔绝的。基于列车运行、设备运转和乘客等因素,城市轨道交通环境有如下特点:

① 列车运行时产生活塞效应,易干扰车站内的气流。
② 设备运转、列车运行、乘客等都将在车站产生大量的热量。
③ 地层具有蓄热作用,城市轨道交通系统内部的温度会随着运营时间的增加逐渐升高。
④ 当发生火灾事故时,环境将进一步恶化。

因此,城市轨道交通运营需要环境控制系统来保证乘客安全、舒适和确保设备使用寿命。安装屏蔽门系统后,车站空间与列车运行空间完全隔开,避免了大量空调冷气通过隧道而散失,同时减少了列车行驶时所散发出的热量进入候车区。这样减少了站台与隧道之间的冷热气流交换。因此,安装屏蔽门系统可以减少能源消耗,达到节能的目的,同时减少空调设备的数量,也减少空调机房的占地面积。

3. 改善环境

列车在行驶时会产生很大的噪声,而狭小的隧道空间会使声音变得更大。屏蔽门在站台和轨道之间形成物理屏障,可以大幅度地降低城市轨道交通车站中的噪声,能够降低 20—25 dB。同时,活塞风经常把轨道上的垃圾和灰尘带至站台,设置屏蔽门后可将垃圾和灰尘拒于屏蔽门外,使站台能保持清洁。同时,屏蔽门可以减少因安全事故导致的列车晚点,保障列车准点运行。因此,屏蔽门系统可以给乘客提供一个舒适、清洁的候车环境。

4. 降低建设和运营成本

在没有安装屏蔽门的车站,当列车到达之前,为保障安全,需要安排一定数量的车站人员接发列车和维持乘客上下车秩序。安装屏蔽门后,一般情况下只需司机保证进站安全,站台上无需站务人员接发列车及进行客流监视,从而减少甚至不需要工作人员,可节约运营的人员成本,这将减少城市轨道交通的日常运营管理费用。目前地铁运行开始朝着全自动运行方向发展,屏蔽门的安装也为地铁车站与列车全自动安全运行提供了助力,保障在全自动运行条件下,车站安全运营,乘客安全乘车,列车安全行驶。

5. 城市形象

采用屏蔽门后,乘客能够安全、舒适地候车,更加有序而从容地上下列车,提高了列车的运行效率,增加了市民对市政工作的信任与支持,提升了市民在公共场合中的秩序意识,提高了城市的整体形象。此外,屏蔽门系统是智能化机电装置,自动化程度高,动作整齐划一,外观简洁透明,对塑造城市形象也很有帮助。

另外,安装屏蔽门只需要屏蔽门距站台边缘 25—30 cm,而在没有屏蔽门系统的车站,乘客候车的安全线距站台边缘的距离有 50—60 cm。因此,城市轨道交通车站安装屏蔽门后并未减少车站的候车面积,反而增加了车站的有效候车面积。然而,安装屏蔽门后也会带来一些负面影响:首先,屏蔽门系统的初期投资比较昂贵,安装后还需要花费维修保养费用。其次,安装屏蔽门系统会使侧式站台显得更加狭长,需要对这些站台做特殊的装修处理,使站台显得更加明亮、宽敞,这也会增加成本。最后,虽然屏蔽门大都为透明玻璃,但屏蔽门安装之后,会影响车站部分隧道墙面广告效果,减少广告收入。

1.3.2 屏蔽门系统的发展趋势

1969 年 10 月 1 日,我国第一条城市轨道交通线路在北京建成通车,北京是我国第一个拥有城市轨道交通的城市。随着我国经济快速发展,城镇化发展步伐加快,城市内部的交通压力增大,各大中型城市都大力发展轨道交通。城市轨道交通建设在全国范围内的大城市如北京、上海、广州、深圳、合肥、郑州、沈阳、厦门等城市全面铺开,部分城市的运营情况如表 1.1 所示。

表 1.1 2020 年全国城市轨道交通运营里程排名

排名	城市	通车里程(千米)	开通线路数量(条)	首条线路开通时间
1	上海	729.2	18	1995 年 4 月 10 日
2	北京	727.0	24	1969 年 1 月 15 日
3	成都	557.8	13	2010 年 9 月 27 日
4	广州	553.2	16	1997 年 6 月 28 日
5	深圳	422.6	12	2004 年 12 月 28 日
6	武汉	409.1	12	2004 年 11 月 6 日
7	南京	394.7	12	2005 年 4 月 10 日
8	重庆	343.3	9	2004 年 11 月 6 日
9	杭州	306.3	7	2012 年 11 月 24 日
10	青岛	246	6	2015 年 9 月 1 日
11	西安	239	8	2011 年 9 月 16 日
12	天津	231	6	1984 年 12 月 28 日
13	沈阳	211.5	10	2010 年 9 月 27 日
14	苏州	210.1	6	2012 年 10 月 1 日
15	郑州	206.4	7	2013 年 12 月 28 日
16	大连	157.9	4	2002 年 10 月 1 日
17	长沙	157.9	6	2014 年 5 月 1 日
18	宁波	154.4	5	2014 年 5 月 30 日
19	昆明	139.4	5	2012 年 6 月 28 日
20	合肥	112.5	4	2016 年 12 月 26 日

自 2003 年以来,广州、上海、深圳、天津、北京等城市的地铁陆续采用屏蔽门系统。随着城市轨道交通屏蔽门的普及,国内多家屏蔽门生产企业也逐渐打破了屏蔽门核心技术被国外几家企业垄断的局面,深圳方大集团于 2006 年 4 月率先研发出国产化屏蔽门系统,并且于 2007 年 3 月与深圳城市轨道交通签订了深圳地铁 1 号线续建工程城市轨道交通屏蔽门系统的总承包合同。随着"十四五"规划落实,我国城市轨道交通发展将迈上新台阶,城市轨道交通逐渐成为城市未来发展的重要组成部分。在城市轨道交通项目中,屏蔽门已经成为必不可少的设备。

目前我国的屏蔽门系统发展逐渐朝着设备国产化、系统智能化、材料绝缘化方向发展。在目前国内新建的轨道交通线路中,屏蔽门设备中标单位基本为国内品牌,如深圳方大、重庆川仪、南京康尼、上海嘉成等,这充分说明我国屏蔽门产业已经开始进入世界先进行列。

随着互联网技术和通信技术的不断发展,人工智能技术取得重大进步,城市轨道交通全自动运行成为城市轨道交通的发展方向。在此背景下,屏蔽门设备也不断朝着自动化、智能化的方向发展,以适应城市轨道交通全自动系统。

目前,屏蔽门系统门体以金属结构为主,存在与土建结构相比绝缘水平低的问题,其主要原因是外界环境因素对门体的绝缘指标影响较大。具体影响因素如下:一是在设备安装施工期间,其他施工环节对门体绝缘的影响和破坏,包括各个施工环节时的物料堆放、水泥砂浆的流淌、供水打压漏水、水管跑水等;二是运营期间环境温度、湿度的变化,导致门体绝缘失效,这种情况既普遍,又不可控。金属结构门体屏蔽门绝缘性能差,存在安全隐患:一是存在乘客被电击的可能性;二是在门体绝缘达不到要求时,如果进行轨道等电位连接,就相当于人为制造了由轨道通过屏蔽门门体到大地的杂散电流通路,接触网上的电流会有很大一部分顺着这个通路流掉,从而加快车站主体结构钢筋的电化学腐蚀,使车站主体土建结构强度降低,甚至存在主体结构垮塌的可能性。所以目前屏蔽门设备厂家正在寻找能够解决屏蔽门门体绝缘性能差的办法,目前主要的解决办法有:一是采用复合材料制造屏蔽门门体等框架;二是为屏蔽门门体等表面添加绝缘层或绝缘垫等。

随着我国城市化进程不断加快,未来几年将是轨道交通行业发展的黄金时期,我国屏蔽门设备研发也必将进入快车道。

1.4 屏蔽门系统技术要求

1.4.1 屏蔽门系统技术规范

屏蔽门系统属于安装在地铁车站内的机电设备,在设备制造、试验、安装和验收时,须满足国家规范及标准要求,验收合格后方可投入使用。屏蔽门设备至少应符合以下规范:

① 《地铁设计规范》(GB 50157—2013)。
② 《城市轨道交通站台屏蔽门》(CJ/T 236—2006)。
③ 《城市轨道交通站台屏蔽门系统技术规范》(CJJ 183—2012)。
④ 《建筑用安全玻璃 第4部分:均质钢化玻璃》(GB 15763.4—2009)。
⑤ 《建筑结构荷载规范》(GB 50009—2012)。
⑥ 《建筑抗震设计规范》(GB 500011—2010)。
⑦ 《玻璃幕墙工程技术规范》(JGJ 102—2013)。
⑧ 《建筑玻璃应用技术规程》(JGJ 113—2009)。
⑨ 《低压配电设计规范》(GB 50054—2011)。
⑩ 《低压成套开关设备和控制设备》(GB 7251.12—2013)。
⑪ 《电力工程电缆设计规范》(GB 50217—2007)。
⑫ 《电力工程直流电源设备通用技术条件及安全要求》(GB/T 19826—2005)。

⑬《阀控式密封铅酸蓄电池订货技术条件》(DL/T 637—97)。
⑭ 电磁兼容性标准：
  a.《静电放电抗扰度试验》(EN 61000-4-2—2009)。
  b.《射频电磁场辐射抗扰度试验》(EN 61000-4-3—2006)。
  c.《电快速瞬变脉冲群抗扰度试验》(EN 61000-4-4—2004)。
  d.《浪涌(冲击)抗扰度试验》(EN 61000-4-5—2006)
  e.《射频场感应的传导骚扰的抗扰度试验》(EN 61000-4-6—2009)。
  f.《工频磁场抗扰度试验》(EN 61000-4-8—2010)。
  g.《电压暂降、短时中断与电压变化的抗扰度试验》(EN 61000-4-11—2004)。
  h.《信息技术设备无线电骚扰限值和测量方法》(EN 55022—2006)。
  i.《可编程控制器》(GB/T 15969.2—2008)。
  j.《工业控制用软件评定规则》(GB/T 13423—92)。
  k.《建筑材料及制品燃烧性能分级》(GB 8624—2006)。
其他标准参照相关国标及国内行业标准。
屏蔽门设备标准将根据国家规范及标准更新和变化实时变化，以确保设备能顺利通过验收并投入使用。

1.4.2 屏蔽门系统主要技术参数

① 在正常运营条件下，屏蔽门的故障不应造成滑动门自动打开。
② 屏蔽门系统的运行强度应按每天运行 20 h、每 90 s 开关 1 次进行设计，应彰常年连续运行。
③ 每扇门关门力≤150 N(在门关至行程的 1/3 后测量)。
④ 每扇滑动门最大动能不应大于 10 J。
⑤ 屏蔽门运行噪声的峰值不应大于 70 dB(A)。
⑥ 滑动门、应急门和端门的手动解锁力不应大于 67 N。
⑦ 手动将滑动门、应急门和端门打开所需要的最大力≤133 N。
⑧ 屏蔽门系统的平均无故障次数不应小于 60 万个周期。
⑨ 屏蔽门可在 10—1000 Hz 的振动频率范围内正常工作。
⑩ 中央控制盘在接收到开关门命令至滑动门动作的时间不应大于 0.3 s。
⑪ 全高屏蔽门的滑动门、应急门、端门和活动门的净高度不应小于 2.0 m，半高屏蔽门的所有门体高度不应小于 1.2 m。
⑫ 在正确使用和正常维护的条件下，门体结构使用寿命不应小于 30 年。

技 术 训 练

【案例】 某城市地铁线路建设较早,设备技术较为落后,某日王某带儿子乘坐地铁前往目的地。在候车期间,王某由于玩手机未注意儿子在站台边缘玩耍,其儿子不慎坠入轨行区。随后乘客呼叫站务人员进行救援,站务人员启动应急预案顺利实施救援。

1. 简述上述事件发生的原因。
2. 根据所学知识,提供避免类似情况发生的方案。

第 2 章 城市轨道交通屏蔽门门体结构

屏蔽门门体结构由门体(滑动门、固定门、应急门、端门)、承重结构(含上部钢结构)、顶箱、门槛等组成。门体结构中所有受力部件一般采用 Q235B 的优质钢材制造。

2.1 屏蔽门门体

屏蔽门门体是屏蔽门系统门体机构最重要的组成部分,按照结构和功能可分为滑动门(ASD)、固定门(FIX)、应急门(EED)、端门(MSD)四种类型,如图 2.1 所示。

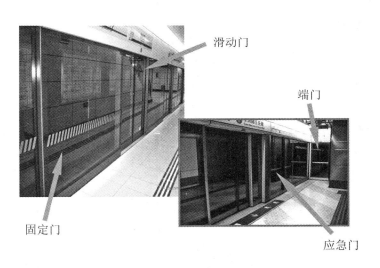

图 2.1 屏蔽门门体

2.1.1 封闭式屏蔽门门体

1. 滑动门(ASD)

(1) 滑动门的基本概念

滑动门的数量应与列车一侧车门数量一致,位置对应,滑动门一般为中分双开门。滑动关闭时,可作为车站站台公共区与隧道区域的屏障;滑动门打开时,为乘客提供上、下列车的通道,也作为车站隧道区域发生火灾或故障时乘客疏散的通道,如图 2.2 所示。

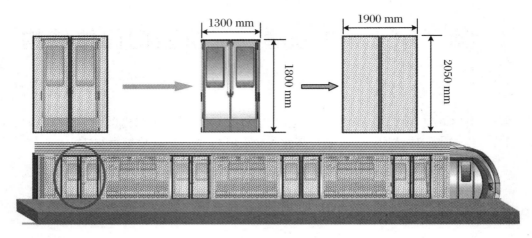

图 2.2　滑动门示意图

(2) 滑动门结构

封闭式滑动门门体高度一般为 3000 mm,上部为顶箱,2000 mm 以下为透明门扇,主要由钢化玻璃和不锈钢门框组成,车站每侧站台边缘根据车站长度和列车车门数量设有 12—40 道滑动门,滑动门的两个门扇以滑动门中心对称同步反方向平行滑动,首、末滑动门为非对称滑动,首、末滑动门的有效开度需尽量加大,且打开后不会影响在正常停车精度范围内列车司机门的全部开启和列车司机进出司机室,如图 2.3 所示。

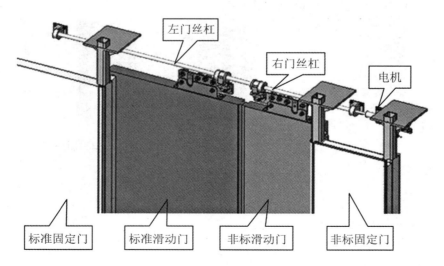

图 2.3　滑动门示意图

(3) 滑动门设置

滑动门在轨道侧设有开门把手,当系统级控制和站台级控制失败时,乘客可从轨道侧用开门把手将门打开,如图 2.4 所示;滑动门在站台侧设有钥匙开关,站台工作人员可用钥匙进行手动操作，如图 2.5 所示。

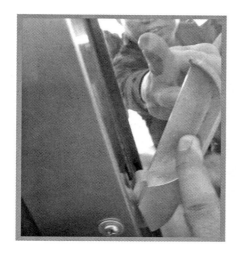

图 2.4　滑动门轨道侧门把手

图 2.5　滑动门站台侧钥匙开关

滑动门设有两种安全装置，每道滑动门都设有锁紧装置。滑动门关闭后该锁紧装置可防止外力作用将门打开。滑动门自动开启时，锁紧装置能自动释放；手动开门时，采用开门把手和钥匙可使锁紧装置释放。锁紧装置正常运行时可自动解锁，该锁应与手动开门把手钥匙联动，滑动门出现故障时可进行手动解锁；滑动门关门、锁紧、解锁、开门均有状态信号反馈到门控单元（DCU），门已开、已锁闭状态信号将反馈到中央控制盘（PSC）。图 2.6 所示为一种滑动门门锁结构设计。

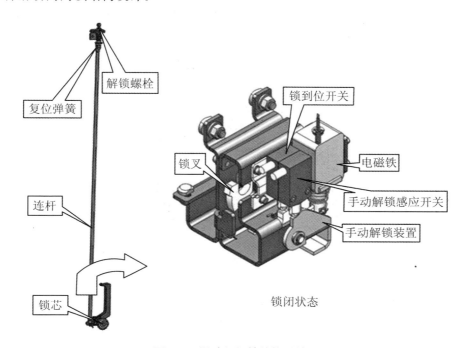

图 2.6　滑动门门锁结构设计

2. 固定门(FIX)

(1) 固定门的基本概念

固定门是不能打开的玻璃隔墙,设置在滑动门与滑动门、滑动门与端门以及滑动门与应急门之间,是站台公共区与隧道隔离和密封的屏障,如图2.7所示。

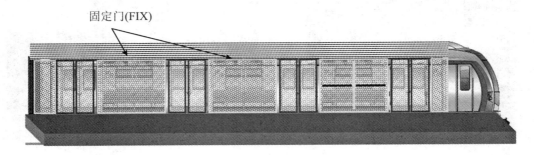

图 2.7　固定门示意图

(2) 固定门结构

固定门高度与滑动门一致,含立柱宽度多为 2980 mm,根据滑动门的间距,在满足门本体结构强度、刚度的前提下,根据轨行区边墙侧灯箱广告的可视性及视觉观感的要求,可将固定门进行分块和不分块处理。

封闭式屏蔽门固定门上部与门楣连接,下部与门槛销轴连接,左、右两侧与立柱通过插接结构相连接,固定门与立柱、门楣、门槛之间采用橡胶条密封,装饰与滑动门一致,门玻璃上设置必要的防撞标识,如图2.8所示。

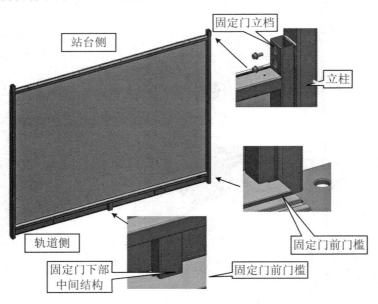

图 2.8　固定门结构图

固定门设置在滑动门与滑动门之间、滑动门与端门之间,在站台公共区与隧道区域间起隔离作用。为提高屏蔽门的整体通透效果,门体应尽量采用整体固定门。

3. 应急门(EED)

(1) 应急门的基本概念

应急门不带动力,每节车厢至少有一扇应急门,安装在滑动门与滑动门之间,当列车门与滑动门不能对齐时,应急门将提供疏散旅客功能,如图2.9所示。

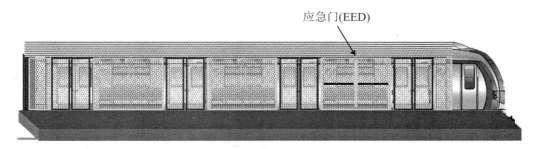

图 2.9 应急门示意图

(2) 应急门结构

应急门设置在固定区域,主要由应急门扇、闭门器和推杆锁组成,每道应急门有两个门扇,均向站台侧旋转90°平开,能定位保持在90°,不自动复位,开关门时,其锁销与门弄部件及站台地面(含盲道)之间不会产生摩擦,中间无立柱,打开后为一个开阔的通道,空间足够供乘客疏散。根据车辆型号不同,应急门宽度不尽相同,通常略宽于滑动门,每个门弄常见规格为 1280 mm×2000 mm,应急门有效开度为 2272 mm。如图 2.10 所示。

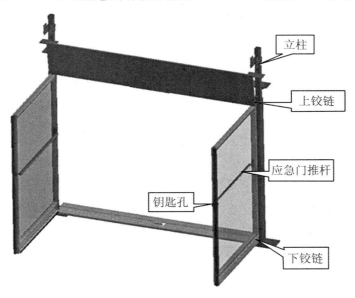

图 2.10 应急门结构示意图

(3) 应急门设置要求

在正常运行状态下,应急门保持关闭并锁紧,在公共区与隧道区间起隔离作用;当列车进站无法对准滑动门时可作为乘客应急疏散通道。

应急门在站台侧设门锁装置,站台工作人员可在站台用钥匙开门,轨道侧设有开门推杆,推杆与门锁联动,乘客在轨道侧推压开门推杆将门打开,推杆锁的连杆设置在应急门门框里。图2.11所示为一种类型应急门门锁设计。

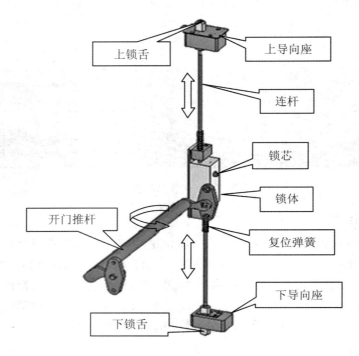

图2.11 应急门门锁结构

应急门锁闭状态信号和解锁状态信号反馈到中央控制盘(PSC)中,由PSC上传到综合监控系统(ISCS)并显示。应急门不单独设置门状态指示灯,而其开、关门状态通过其邻近的滑动门上的门状态指示灯进行显示。应急门锁紧、滑动门关闭锁紧时,门状态指示灯熄灭;应急门打开、临近滑动门无故障时,门状态指示灯常亮;在滑动门开启、关闭过程中及故障状态时门状态指示灯闪烁。

4. 端门(MSD)

(1) 端门的基本概念

端门又称端头门,布置在车站两端,与站台边屏蔽门垂直,主要作为车站工作人员进出站台和轨道的通道,同时兼备紧急情况下疏散乘客的功能,如图2.12所示。

(2) 端门结构

站台每侧两端各设有一套端门单元,包括端门单元承重结构、顶箱、指示灯、端门活动门、固定门、门槛、底部安装件、密封绝缘部件等,端门活动门上设有门锁装置,乘客从轨道

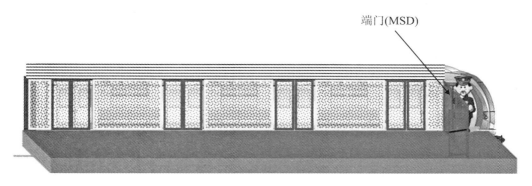

图 2.12 端门示意图

侧推压门锁推杆开门,站台人员用钥匙从站台侧打开,端门净开度为 900—1200 mm,端门打开后自动复位至关闭。端门单元门锁装置还要充分考虑地下车站端部活塞风压较大的情况,确保可靠锁闭。图 2.13 为屏蔽门端门实物图。

图 2.13 屏蔽门端门

(3) 端门设置要求

在正常运营状态下,端门保持关闭并锁紧,且不会由于风压导致端门解锁打开,端门须能承受水平载荷;在突发情况下,端门是乘客疏散的通道。

端门活动门上设有门锁装置,乘客从轨道侧推压门锁推杆开门,站台人员用钥匙从站台侧打开,端门打开后自动复位至关闭。

端门活动门向站台侧旋转 90°平开,能定位保持在 90°。端门打开角度小于 90°时通过闭门器自动复位。端门活动门的状态信息能传送到 PSC,再由 PSC 上传至 ISCS 进行显示。端门开启时间超过 2 分钟(0—3 分钟可调)时报警。

2.1.2 半高式屏蔽门门体

半高式屏蔽门门体结构由承重结构、滑动门、固定门、固定侧盒、应急门、端门和门槛等组成。常规滑动门、固定门、应急门、端门的高度为一般1500 mm,固定侧盒的高度一般为1600 mm,门槛总宽度一般为350 mm,如图2.14所示。

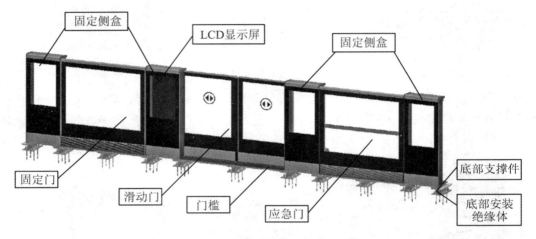

图 2.14 半高式屏蔽门结构示意图

1. 滑动门(ASD)

半高式屏蔽门滑动门结构如图2.15所示,其设置要求如下:

① 每道半高式屏蔽门滑动门设有便于维修操作用的就地控制盒(LCB),用于控制滑动门打开/关闭;就地开关安装在固定侧盒内,供维修人员使用。

② 半高式屏蔽门采用"一控两驱"的控制方式,左、右滑动门均各自设置一套传动装

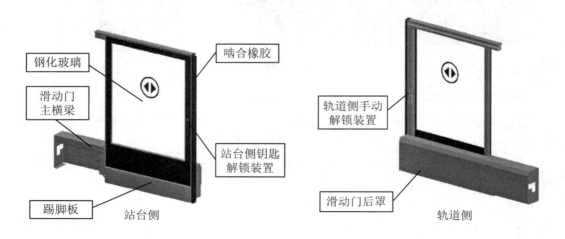

图 2.15 半高式屏蔽门滑动门结构

置,通过门控单元(DCU)同步控制左门电机和右门电机,以实现左右门体运动的一致性,首、末滑动门采用一扇标准滑动门和一扇非标准滑动门相组合的方式。

③ 其余要求同全高封闭式屏蔽门滑动门。

2. 固定门(FIX)

半高式屏蔽门固定门结构如图 2.16 所示,其设置要求如下:

① 固定门设置在固定侧盒与固定侧盒之间,在站台公共区与隧道区域之间起隔离作用。

② 固定门结构一般由门框及单层钢化玻璃构成,主体是大玻璃结构,整体美观、通透效果好。

③ 为了便于站台排水,根据给排水专业(即施工方,下同)要求,固定门与站台面之间留有间隙。

④ 其余要求同全高封闭式屏蔽门固定门。

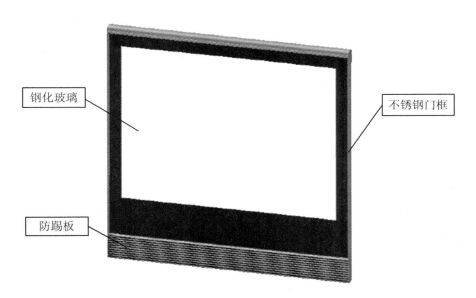

图 2.16 半高式屏蔽门固定门结构

3. 应急门(EED)与端门(MSD)

半高式屏蔽门应急门和端门结构、功能相似,如图 2.17 所示,其设置要求如下:

① 在正常运行状态,端门、应急门保持关闭并锁紧,在公共区与隧道区间起隔离作用;当列车进站无法对准滑动门时,应急门可作为乘客应急疏散通道。

② 端门、应急门向站台侧旋转 90°平开,能定位保持在 90°。

③ 应急门设有闭门器,中部有推杆逃生装置,通过轨道侧的开门推杆或站台侧的钥匙开关打开此门。

④ 其余要求同全高封闭式屏蔽门端门、应急门。

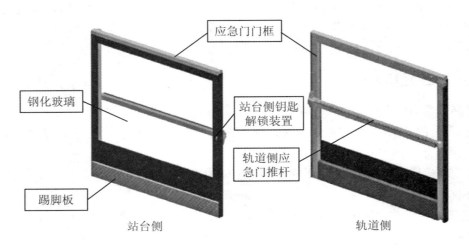

图 2.17　半高式屏蔽门应急门结构

4. 半高式屏蔽门固定侧盒

在半高式屏蔽门滑动门两侧设有固定侧盒,其内包括屏蔽门单元的驱动机构、门锁装置、门控单元、配电端子、变压器、门状态指示灯等部件。固定侧盒对以上部件起密封保护作用,如图 2.18 所示。

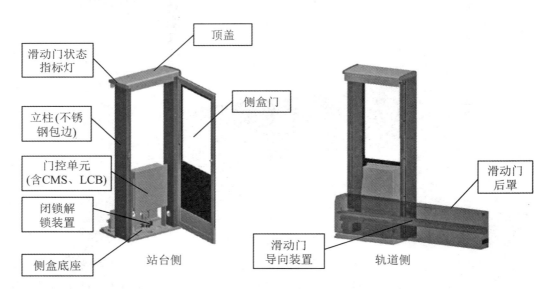

图 2.18　半高式屏蔽门固定侧盒结构

2.2 屏蔽门承重结构

屏蔽门作为一道安全屏障,不仅外观要能满足精致明亮的要求,还须具备完整的受力构件。承重结构是主要的受力构件,它承受垂直载荷、隧道通风系统产生的风压、列车运行的活塞风压、乘客挤压力以及地震力等载荷。承重结构由上部连接件、底部支撑、伸缩装置、门机梁、立柱、门槛、紧固件、密封件等组成。在满荷载条件下,承重结构须保证屏蔽门结构强度、刚度满足 30 年的使用寿命要求,如图 2.19 所示。

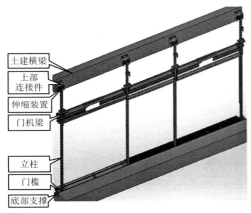
(a) 屏蔽门承重结构示意图

(b) 屏蔽门承重结构实物图

图 2.19 屏蔽门承重结构

2.2.1 上部连接部件

屏蔽门上部连接部件是实现屏蔽门设备与车站土建梁连接的重要部件。上部连接部件一般由 L 形支架、槽钢梁、伸缩调节装置等组成。图 2.20 为一种上部连接部件结构示意图。L 形支架通过螺栓穿过土建预埋件与站台顶部钢筋混凝土顶梁连接,承重结构的自重和载荷可以通过螺栓传递给顶梁。上部连接部件中的槽钢梁通过螺栓和 L 形支架固定在一起,从而承受水平和垂直方向的作用力。伸缩装置可通过伸缩杆在垂直方向进行移动,此装置可"吸收"土建沉降,以适应土建可能产生的变化。

2.2.2 下部支撑部件

屏蔽门下部支撑部件是指屏蔽门支撑部件与车站站台混凝土连接的部件。下部支撑部件主要承担屏蔽门门体重量及外部载荷。下部支撑部件一般通过螺栓与站台板连接在一起。下部支撑部件支座一般采用 π 形支架结构,通过槽孔实现三维方向位置调节。图

2.21 为一种下部支撑部件结构示意图。

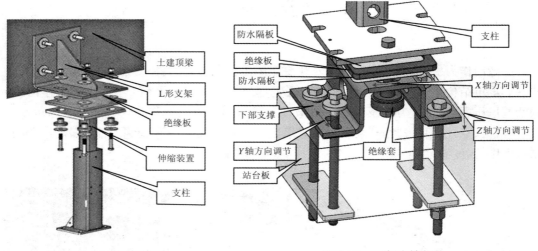

图 2.20　上部连接部件　　　　图 2.21　下部支撑部件

2.2.3　承重结构性能要求

由于屏蔽门设备安装在地下车站，车站内部湿度较大，屏蔽门承重结构须满足特殊要求，才能适应地下运营环境。为保证屏蔽门的使用寿命和使用安全，屏蔽门承重结构至少应满足如下要求：

① 承重结构等结构件采用 Q235B 钢材制造，表面采用热浸锌处理，锌层厚度应达到规定要求。

② 上部连接部件与站台顶梁的土建连接，下部支撑部件与站台土建连接，使屏蔽门整体对地绝缘值≥0.5 MΩ。绝缘件应方便更换，且有保护措施以防止运营过程中的水及灰尘破坏绝缘性能。

2.3　屏蔽门顶箱和门槛

2.3.1　顶箱

顶箱内设置有门单元的滑轮组件、门锁装置、螺母副电机、门控单元、丝杆、导电铜排、电机、门机梁及就地控制盒等部件。顶箱对上述部件起密封保护作用，防止电磁干扰。图2.22 为顶箱内部结构示意图。

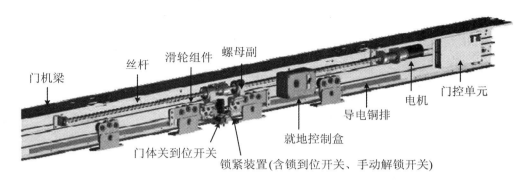

图 2.22 顶箱结构示意图

顶箱与车站其他建筑的结合采用绝缘和密封安装,顶箱后盖板上部与土建结构之间采用绝缘伸缩胶条,前盖板之间有密封胶条,保证灰尘和凝露水不会从上方掉落至门机内,满足绝缘和密封要求,如图 2.23 所示。

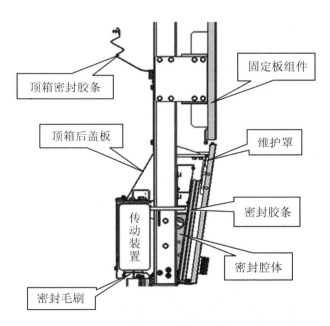

图 2.23 顶箱密封结构

顶箱前盖板一般采用优质碳素钢板 Q235B 制造,两侧表面采用喷涂材料进行喷涂,喷涂厚度须满足要求,保证顶箱盖板防腐蚀及寿命达到标准要求。同时,顶箱前盖板应具有足够的强度、刚度和平整度,前盖板打开和固定后,不出现因其重力而产生视觉上的挠度变形和永久变形。

顶箱前盖板上应配锁,且不破坏外形设计。顶箱前盖板在解锁打开后须有不小于规定的开度,并设置自动伸缩定位的支撑装置,以方便安装调试和维修,如图 2.24 所示。

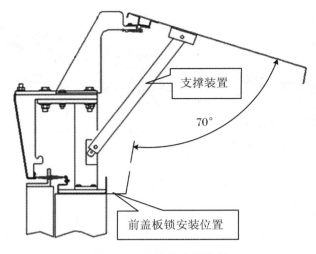

图 2.24　前盖板支撑装置

2.3.2　门槛

屏蔽门的滑动门、应急门、固定门和端门均设有门槛，门槛由底部支承座、与站台板连接的紧固螺栓、绝缘件以及踏步板组成，主要为乘客、司机和维护人员提供通过的踏面，因此，门槛踏面需要平整无障碍，表面作冲压防滑处理，以保证乘客上下车安全、无绊倒危险，并满足耐磨、防滑、安装拆卸方便等要求。

门槛材料一般采用普通碳素钢，门槛结构外包采用厚度为 1.0 mm 的不锈钢，滑动门、应急门门槛踏步面需满足 30 年以上的使用寿命要求。

门槛通过底部支撑座固定在站台边缘，底部支撑座可在水平和垂直方向进行调节，以满足安装调节要求。门槛安装不侵入限界，如图 2.25 所示。

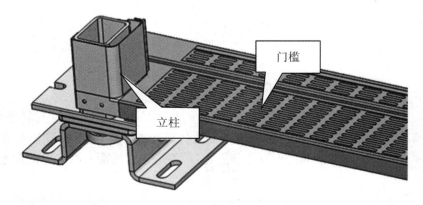

图 2.25　门槛示意图

滑动门导靴应在门槛中滑动自如，导槽应便于清扫，不藏杂物与灰尘，不积水，以免滑动门关不上。门槛滑动导槽与滑动门导靴之间的摩擦系数一般不超过规定值，相对运动时不能有明显的摩擦噪声。门槛与导靴材料之间的摩擦系数一般为0.4,如图2.26所示。

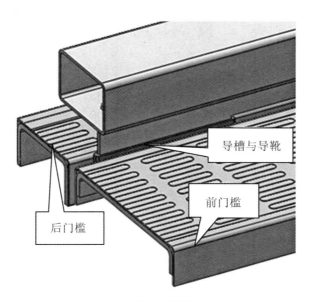

图 2.26　导槽与导靴装配示意图

门槛采用独立绝缘安装,即门槛与屏蔽门系统其他金属结构之间绝缘。独立绝缘安装的门槛,包含滑动门门槛及应急门门槛;固定门门槛及端门门槛不作独立绝缘安装要求。门槛固定在底部支承座上,滑动门、应急门门槛处作冲压防滑处理,防滑面板通过螺栓固定在门槛衬板上,采用绝缘套、绝缘垫的绝缘方式与底部支撑连接,确保门槛绝缘。

屏蔽门门体对地绝缘值≥0.5 MΩ,应有保护底部绝缘件的措施,以防止运营运程中的水及灰尘破坏绝缘效果,如图2.27所示。

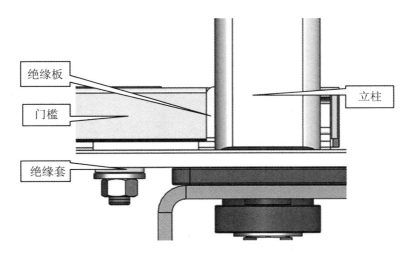

图 2.27　门槛独立绝缘安装示意图

技 术 训 练

1. 简述屏蔽门系统中滑动门、应急门和端门的作用。
2. 简述全封闭式屏蔽门系统门体结构与半高式屏蔽门系统门体结构的区别。
3. 屏蔽门门体结构为什么要采用绝缘措施？查找资料搜集屏蔽门门体结构绝缘方案。

第 3 章　城市轨道交通屏蔽门门机装置

门机系统是滑动门的操作机构,主要由驱动电机、门控单元传动装置、导轨与滑块、锁紧及解锁装置等组成。通过电机和减速箱的推拉实现屏蔽门的开和关,同时判断和监控屏蔽门的运行状态。

3.1　门机驱动装置

3.1.1　驱动电机

屏蔽门驱动装置(即电动机)可分为交流电动机和直流电动机两种。直流电动机又可分为直流有刷电动机及直流无刷电动机。直流无刷电动机具有可靠性高、免维护、高转矩、低转速等优势。目前,屏蔽门系统大多以直流无刷电动机驱动,如图 3.1 所示。

图 3.1　屏蔽门电机

目前驱动电机工作电压以 DC 110 V 为发展趋势,功率一般都在 100—200 W,电流为 1—3 A,瞬时峰值电流可能会达到 113 A 左右。表 3.1 为某型号电机的参数。

表 3.1 某型号电机的参数

项 目	内 容	单 位
电机型号	GB 65×50（德国）	
额定功率	≤140	W
额定输入功率	40	V
最小电压	34	V
最大电压	55	V
电机额定电流	≤3.5	A
最大启动电流	113±10%	A
额定转速	3300±10%	r/min
电机额定扭矩	28	N·cm
电机转动惯量（GD2）	$128×10^{-7}$	N/m²
电机绕线电阻	0.354±10%	Ω
功率因数（$\cos\varphi$）	不适用	
额定转差率（%）	不适用	
电压常数（K_e）		V/1000 min^{-1}
转矩常数（K_t）		N·cm/A
绝缘等级	F	
电机外壳保护等级	IP65	
电机、减速器表面温度	−25—70	℃

电机为滑动门提供动力，由门控单元根据预先设定的速度曲线进行驱动，要求电机的调速性能和输出转矩应满足门扇运动曲线和动力曲线。在正常情况下，门控单元通过克服门的运动阻力来控制滑动门运动。如果门的实际速度曲线与设定速度曲线不符合，门控单元将调整电压来控制门的实际速度曲线与设定速度曲线达到一致。

3.1.2 传动装置

屏蔽门系统传动装置是屏蔽门滑动门正常开关的重要装置。目前，国内屏蔽门传动主要通过两种方式实现，分别为齿形同步带传动和螺旋副传动。

1. 齿形同步带传动装置

齿形同步带传动方式通常用于封闭式屏蔽门系统和全高式屏蔽门系统，安装在顶箱内，如图 3.2 所示。

齿形同步带传动装置一般由齿形同步带、反向滑轮、滚轮拖板组件、皮带锁扣、导轨和闭锁单元等配件组成。齿形传动装置的构成如图 3.3 和 3.4 所示。

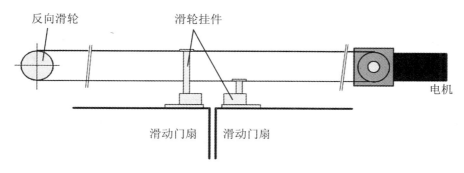

图 3.2 屏蔽门齿形同步带传动装置示意图

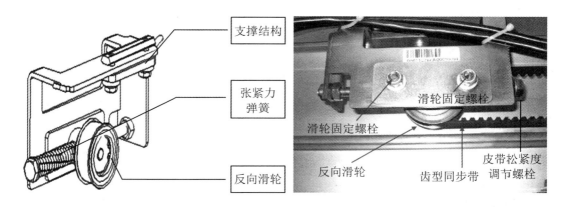

(1) 反向齿轮结构示意图　　　　(2) 反向齿轮结构实物图

图 3.3 反向齿轮结构

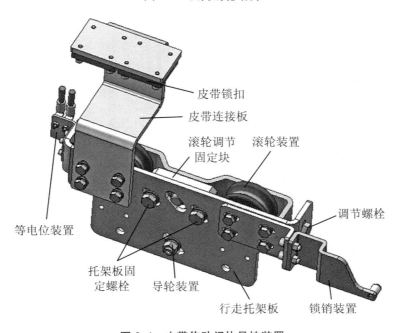

图 3.4 皮带传动门体悬挂装置

在直流电机与减速箱的驱动下，驱动轮驱使皮带做循环往返的运动，促使皮带上的挂件和滚轮拖板组件控制滑动门开关。其中，反向滑轮主要用于皮带松紧维护，皮带上的挂件位置可以调整，方便滑动门吊挂位置的校准。

2. 螺旋副传动装置

螺旋副传动装置主要适用于封闭式和非封闭式屏蔽门，封闭式屏蔽门系统传动装置安装在顶箱内，半高式屏蔽门系统传动装置一般安装在固定侧盒底部。传动装置由电机、丝杆、螺母、承载小车、安装座等组成，如图3.5所示。在传动的过程中，由电机驱动丝杆转动，带动螺母进行拖拽，螺母带动携门架上的滚轴，滚动的过程中实现两扇滑动门左右对向开和关。

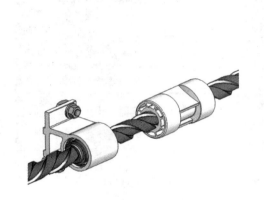
(1) 螺母铰链结构示意图

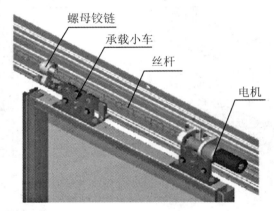
(2) 螺旋副传动结构示意图

图3.5 螺旋副传动示意图

3.1.3 门锁装置

滑动门锁紧及解锁装置（即门锁），包括机械部分和电子部分。机械部分保证滑动门运行至锁定位置后能够锁定。电子部分保证能够通过行程开关将滑动门的状态反馈到每个门单元的门机控制器。锁紧及解锁装置提供单道滑动门的关闭、锁紧、全开三种状态，并将三种状态提供给锁闭安全回路使用，也能够将该道滑动门当前的状态反馈至门机控制器。

锁紧装置主要由电磁铁、一对联动的锁销、关闭锁紧确认开关和解锁开关组成。图3.6为一种门锁紧装置结构图。电动锁装置安装在顶箱内的型材导轨上，位于滑动门关闭位置的上方。

当滑动门自动关闭或手动关至关闭位置时，滑动门上的撞块撞击锁紧装置上的插销，使得插销受力向上抬起。当滑动门关闭到位时，锁紧装置上的一对联动锁销在弹簧和自身重力的作用下自动下落并卡住安装在门扇顶部的撞块，此时滑动门关闭并锁紧，同时关闭锁紧确认开关被压下并发出滑动门被锁闭信号，除非进行通电或通过手动解锁，否则滑动

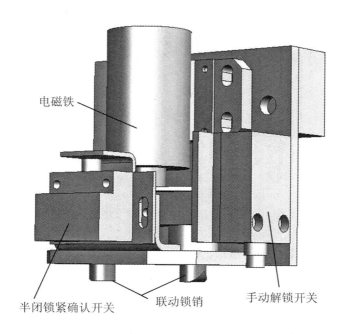

图 3.6 门锁紧装置结构图

门无法打开。图 3.7 为锁紧装置动作图,描述了滑动门在电驱动或手动关闭时的门锁动作的 3 个阶段。

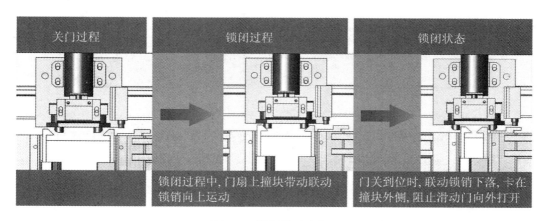

图 3.7 锁紧装置动作图

执行正常开门程序时,门控单元发出开门信号,电磁铁接到开门信号后开始工作,向上吸住联动锁销,联动锁销脱离门扇撞块,滑动门锁闭状态解除,同时关闭锁紧确认开关复位并发出滑动门被打开信号,此时电机驱动滑动门开门。

滑动门门框内设有手动解锁装置。当操作轨道侧手动解锁把手或操作站台侧屏蔽门钥匙手动解锁装置时,此时联动锁销被释放,电动锁紧装置上的手动解锁开关将被激活并发出手动解锁开门信号并反馈到门控单元,然后门控单元将手动解锁开门信号传送至中央控制盘(PSC)。

3.2 门机控制器

3.2.1 门机控制器组成

门机控制器(Door Control Unit,简称 DCU,亦称门控单元)是滑动门电机的控制装置,通常每对滑动门都配备一个 DCU,控制滑动门开关,收集屏蔽门运动状态信息,把故障信息发送至单元控制器(PEDC)并接收和执行单元控制器(PEDC)、综合后备盘(IBP)、就地控制盘(PSL)的命令。

DCU 内部电路由集成控制器(MCU)的逻辑单元、驱动单元和接口电路组成。图 3.8 所示为 DCU 内部电路布局。

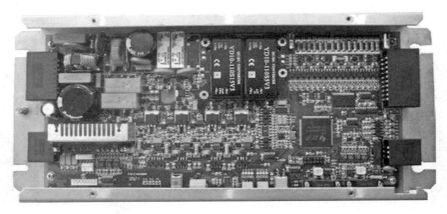

图 3.8 DCU 内部电路布局

DCU 外部正面有位置钥匙开关、手动控制开关、蜂鸣器;侧面是各类线路接口,有就地控制盒(LCB)输入接口、单元控制器(PEDC)现场总线接口、就地控制盘(PSL)及综合后备盘(IBP)集合单元控制器(PEDC)的开关门信号接口、门锁单元驱动及检测信号接口、驱动检测电机信号接口、顶箱警示灯(DOI)接口以及外接便携式检测设备(PTE)调试维护接口。图 3.9 所示为 DCU 外部构造及接口。

3.2.2 门机控制器控制原理

门机控制器(DCU)由中央控制器 CPU、电源电路、电机驱动电路、输入输出电路、总线电路(双冗余)、存储电路和对外接口电路以及相关电路等组成。DCU 控制原理图如图 3.10 所示。

DCU 储存滑动门运动曲线数据,并控制运动曲线。曲线数据可以选取不同的门速、开

图 3.9　DCU 外部构造及接口

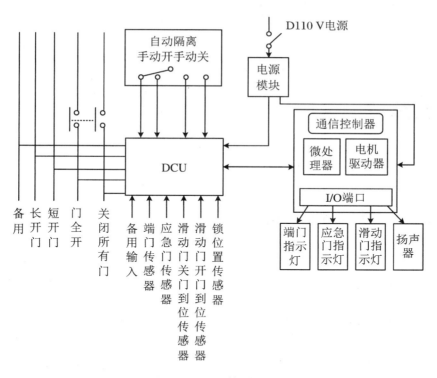

图 3.10　DCU 控制原理图

关门时间、门开始启动时间、开关门加速度和开关门减速度,调节开关门时间与速度。DCU 中的微处理器传递脉宽调制信号给内部电源晶体管驱动直流电机,电机内部的霍尔开关传感器将门运动位置数据反馈至 DCU 计算机控制主板,可以实时检测电机的位置。DCU 可对电机的反馈信息进行监测,从而确保滑动门遵循设定的曲线准确进行运动。DCU 通过接收外部信号及电机反馈信号,实现对滑动门智能控制。

3.2.3 门机控制器连接

DCU 具有抗电磁干扰能力,内设置有调试接口,可在线或离线调整参数和软件组态,并可进行重新编程和重新设置参数。如图 3.11 所示,DCU 与 PSC 之间的连接是通过通信网络(现场总线)来实现的。每个 DCU 在网络上都有一个唯一的地址,由 PSC 监测 DCU 的相关状态信息。DCU 可驱动蜂鸣器、电机、锁闭单元、警示灯等。PTE 接口连接便携式计算机进行修改、调整。DCU 通过硬线与 LCB 相连接,检测并执行 LCB 的相关操作。

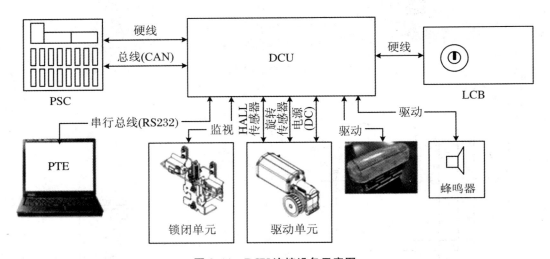

图 3.11　DCU 连接设备示意图

3.2.4 门机控制器功能

DCU 的功能分为逻辑处理及电机驱动。逻辑处理主要承担接收开关门命令,控制滑动门开关,并对滑动门故障进行逻辑判断及处理。电机驱动主要承担控制电机启动停止,并进行调速等。

DCU 执行系统级和站台级等发来的控制命令,能够接收信号系统、IBP、PSL 各控制点发来的开/关门控制命令,控制门的运动,并采集和发送门状态信息及各种故障信息。

若检测到障碍物时,则通过屏蔽门障碍物探测控制模块启动指定的障碍物程序,产生屏蔽门控制命令并发送给 DCU 对屏蔽门进行相应的操作。具体执行过程为:当滑动门关闭时,如某一门检测到障碍物,此门打开约 100 mm 后停下来。在等待 0—2 s(可调整)之后,门会自动重关。如果此时仍然检测到障碍物的存在,门像先前一样打开并停止等待一段时间。如果三次关门失败,门将打开至全开位置,并给出相应的声光报警提示。

3.3　半高屏蔽门门机装置

半高屏蔽门门机系统装设在固定侧盒、滑动门门体的下端,主要由驱动装置、锁紧装置、DCU、传动装置等组成。半高屏蔽门安装位置如图3.12所示。

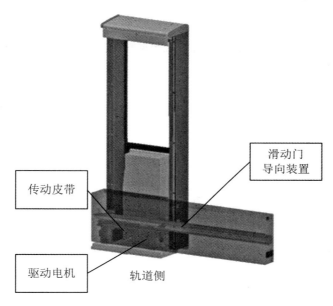

图 3.12　半高屏蔽门安装位置示意图

半高屏蔽门有两种结构形式:一控制一驱动和一控制两驱动。一控制一驱动是指每对滑动门由一个DCU控制一套驱动电机,同时驱动左右滑动门扇,虽节省初期投资,但必须设置门槛,门槛上设置开槽,存在一定的安全隐患;同时部分驱动或控制设备须位于站台装饰面以下,维护及清扫不便,后期维护成本增加。

一控制两驱动是指每道滑动门由一套DCU控制两套驱动电机,分别驱动左右门扇,初期投资相比前者高,但克服了前者的各项不足之处,且后期维护方便,成本略低。图3.13为半高屏蔽门门机系统单个直流电机-减速器组合驱动。

目前,国内外城市轨道交通车站的半高安全门普遍采用一控两驱形式,门体总高度一般为1500 mm。

另外,需要注意半高屏蔽门门锁装置的设置特殊性。为避免乘客在站台侧伸手越过屏蔽门开启轨侧手动解锁装置,半高屏蔽门的解锁装置(尤其是滑动门)均应采取相应的安全措施,包括设置高度和设置形式。轨道侧手动解锁装置的设置应便于在轨道侧开启且不利于在站台侧开启。

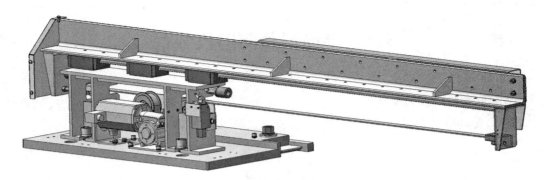

图 3.13 半高屏蔽门门机系统单个直流电机-减速器组合驱动

技 术 训 练

1. 简述屏蔽门门机装置组成及各部件作用。
2. 屏蔽门门机传动装置有几种类型？各传动装置的优缺点是什么？
3. 简述全高屏蔽门门机系统与半高屏蔽门门机系统的区别。

第 4 章 城市轨道交通屏蔽门电源系统

4.1 屏蔽门电源系统

4.1.1 屏蔽门电源系统组成

屏蔽门电源系统分为驱动电源和控制电源两部分。驱动电源为滑动门的驱动电机供电,具备充电、馈电、故障保护、电源参数和报警信息监测及记录功能。驱动电源采用直流供电方式,一般为 110 V。驱动电源的功率主要取决于车站滑动门个数,一般为 30—60 kVA。控制电源主要对 DCU、PSC、PSL、IBP 和接口连接设备等供电,控制电源采用直流供电方式,电压等级一般为 24 V、48 V、110 V 等。

为了保证供电的可靠性,屏蔽门电源系统须配备不间断电源(UPS)作为供电电源,控制电源还会采用冗余供电方式。正常情况下,由配电箱供电;当配电箱发生故障无法供电时,由 UPS 供电。

城市轨道交通屏蔽门的电源设备装在屏蔽门控制室里。设备室内设置驱动电源柜(DPS)、配电柜(PDP)、电池柜(BAT)和控制电源柜(CPS)组成的屏蔽门电源设备柜,如图 4.1 所示。驱动电源柜设置有驱动电源 UPS 主机、整流模块、监控模块、驱动电源电池组;配电柜设置有隔离变压器、驱动电源交流配电设备;控制电源柜里设置有控制电源 UPS 主机、整流模块、监控模块、电池及配电设备。

在城市轨道交通供电系统中,由于轨道是供电线路的回流部分(回流轨),其供电系统一般需要采用隔离变压器,以便轨道与车站的地线完全隔离,在屏蔽门电源系统中也不例外。

屏蔽门供电系统的保护措施包括屏蔽门

图 4.1 屏蔽门电源柜

系统采用 TN-S 接线方式,将中性导体(工作零线)和保护导体(保护地线 PE)在系统中分开,即安装在屏蔽门门体上的设备的金属外壳及金属保护管与门体相连,工作零线悬浮。安装在屏蔽门门体上的设备的金属外壳及金属保护管与门体等电位,屏蔽门的门体与轨道之间采用一点连接,即要求门体与轨道保持等电位,每侧屏蔽门各单元及各个单元之间用硬铜母线(俗称铜排)进行连接,要求单侧站台屏蔽门整体电阻值≤0.4 Ω。屏蔽门门体与站台结构绝缘,要求绝缘电阻≥0.5 MΩ。

4.1.2 屏蔽门电源系统工作过程

屏蔽门电源系统从城市轨道交通低压配电系统双电源切换箱引入双电源。根据《城市轨道交通站台屏蔽门系统技术规范》(CJJ 183—2012),屏蔽门系统必须按一级负荷供电,所以屏蔽门电源系统从双电源切换箱引入两路电源,双电源切换箱从低压配电柜两路母线各引入一路电源。两路电源正常时,一路工作,另一路备用,并可互作备用。图 4.2 为屏蔽门系统与低压配电系统接口示意图。

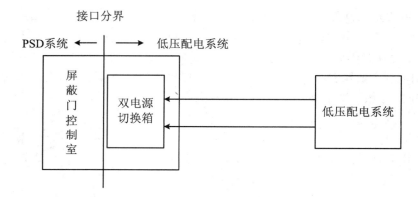

图 4.2　屏蔽门系统与低压配电系统接口示意图

低压配电柜的两段母线各馈出一路母线至屏蔽门控制室的双电源切换箱,双电源切换箱馈出的两路交流电分配给屏蔽门电源系统供电。

双电源切换箱馈出的交流电经隔离变压器电气隔离后再经整流模块输出 110 V 直流电的驱动电源给滑动门驱动电机供电,为了保证对该车厢的滑动门的可靠供电,对每节车厢的四道滑动门分四路进行交叉配电。

双电源切换箱馈出的交流电,一部分直接给 PSC 设备提供 220 V 交流电,另一部分经过整流模块整流成 24 V 直流电后给屏蔽门控制设备供电。

屏蔽门电源系统交流输入异常或整流器故障时,蓄电池将 UPS 逆变单元逆变后提供稳定的不间断的交流电给负载供电,从而实现对负载的零间断供电。

同时,绝缘监测单元可在线监测直流母线和各支路的对地绝缘情况。集中监测单元可实现对交流配电单元、充电模块、交直流馈电、绝缘监测单元、直流母线和蓄电池组等运行参数的采集与各单元的控制和管理,并可通过远程接口接受后台的监控。

4.1.3 屏蔽门电源系统技术要求

《城市轨道交通站台屏蔽门系统技术规范》(CJJ 183—2012)对电源作出如下规定：
① 屏蔽门系统必须按一级负荷供电，必须设置备用电源。
② 驱动电源和控制电源的供电回路宜相互独立设置。
③ 驱动电源的后备电源容量应符合完成 30 min 内本站全部滑动门开关 3 次的需要，控制电源的后备电源容量应符合系统满负载持续工作 30 min 的需要。
④ 驱动电源、控制电源与外接电源的隔离阻抗不应小于 5 MΩ。
⑤ 配电电缆、控制电缆应采用不同线槽或同槽分室敷设。
⑥ 电缆应采用低烟、无卤、阻燃的电缆，并应符合现行国家标准《低压配电设计规范》(GB 50054—2011)的规定。
⑦ 屏蔽门设备室内的设备接地应符合现行国家标准《系统接地的型式及安全技术要求》(GB 14050—2008)的规定。
⑧ 当采用钢轨作回流轨时，屏蔽门应与钢轨进行等电位连接，等电位连接应符合下列规定：
  a. 正常情况下人体可触及的屏蔽门金属构件应与土建结构绝缘，单侧屏蔽门体与车站土建结构之间的绝缘电阻在直流电 500 V 下不应小于 0.5 MΩ。
  b. 在屏蔽门站台侧、端门内外的地面应设置距离门体不小于 900 mm 的绝缘区域；在端门内外两侧墙面高 2 m 范围内应设置距离门体不小于 900 mm 的绝缘区域。
⑨ 当钢轨不作回流轨时，屏蔽门应通过接地端子连接车站的接地网。
⑩ 屏蔽门系统在站台区域的不带电外露金属部分应进行等电位连接，单侧站台屏蔽门整体电阻值不应大于 0.4 Ω。

4.2 驱 动 电 源

4.2.1 驱动电源的组成

直流驱动电源主要由整流模块、监控模块、绝缘监测、电池巡检及充放电管理模块、驱动蓄电池组、馈线回路等构成，能实现完善的 $N+1$ 冗余备份功能。

绝缘监测模块用于实现母线及各支路正负极对地绝缘状况的监测，能直接监视正负极对地电压，当电压过高、过低或绝缘电阻过低时发出报警信号，且报警值可设定。

监控模块能监测驱动电源装置的输出电压、电流，隔离变压器输出的电压、电流，蓄电池浮充电压、电流等，同时对 UPS 主机内重要的故障、状态信息实施数据采集并进行显示；根据不同的情况实行电池管理、输出控制和故障呼叫等功能；能对 UPS 重要的状态进行远程监视，将故障、状态信息传输到屏蔽门控制系统的主控机上。

驱动电源设有过压、过流保护装置,且能够通过辅助无源触点提供电源故障报警信号。

驱动电源采用数显测量表,能合理和清晰地显示现场系统实际参数。选用的电流、电压表应考虑过负荷运行,要有适当的裕度。测量内容至少包括浮充电压、电流,隔离变压器输出母线电压、电流,蓄电池电压,蓄电池充/放电压、电流等。图4.3为某屏蔽门设备驱动电源柜示意图。

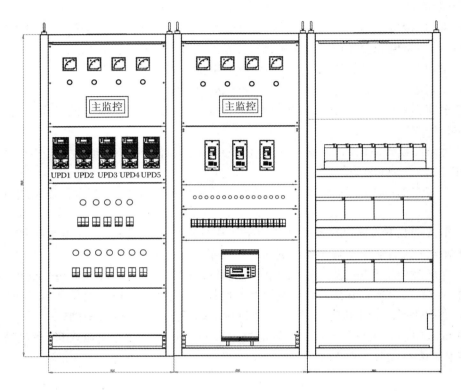

图4.3 驱动电源柜示意图

驱动电源配电柜盘面上主要信号灯设置及显示内容包括:
① 电源故障指示灯。
② 各馈电开关位置状态显示。
③ 蓄电池组故障。
④ 受、馈电回路短路故障。

电源装置故障信号应送至PSC,可通过维修终端实现故障显示。

4.2.2 驱动电源的特点

驱动电源为滑动门的驱动电机供电。驱动电机要求启动快、动作迅速,驱动波形如图4.4所示。屏蔽门正常动作时,驱动电源系统的功率为3—5 kW,启动瞬间达到8—40 kW;门机驱动电机通常有DC 110 V和DC 48 V两种电压等级,单台标称电机功率为80—150 W。

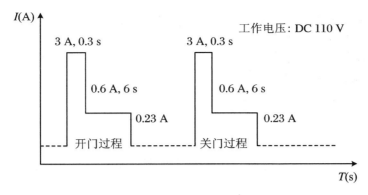

图 4.4 驱动电源波形图

4.2.3 驱动电源系统工作原理

驱动电源的供电主要有两种：直流供电方式和交流供电方式。直流供电方式是在屏蔽门设备室集中进行整流再分配到各门机的用电方式，交流供电方式是在各门单元处进行分散整流。目前国内屏蔽门设备大部分采用直流电驱动。直流供电方式电压等级也分为 110 V 和 48 V 两种。下面以 DC 110 V 为例说明驱动电源系统工作原理。

低压配电系统提供两路独立的 380 V/40 kVA 三相电源，两路电源通过双电源切换装置自动切换后经隔离变压器作电气隔离，提供驱动及控制部分所需要的电源。驱动部分通过 AC/DC 装置整流后，提供 DC 110 V 馈出回路为屏蔽门驱动装置供电，蓄电池组直接连接于直流母线上，并联浮充供电。在交流电输入失电、超限、故障以及整流模块故障等情况下，蓄电池组将通过直流母线直接给负载供电，从而实现对负载的不间断供电，如图 4.5 所示。

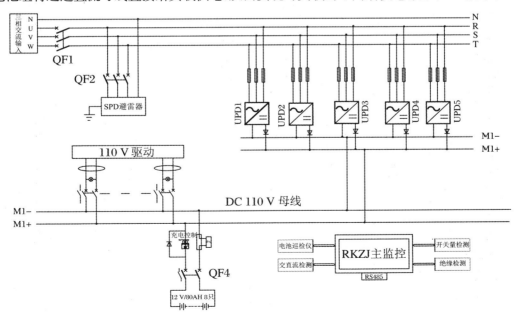

图 4.5 驱动电源电路图

驱动电源的输出回路存在着交错配电情况,由于轨道交通车辆的车型不同,每节车厢的车门数量也不相同,分别设计有3、4、5道。以每节车厢4道车门为例,驱动电源的输出回路至少为4路,即每节车厢的4道车门的4道滑动门设计需要分别对应不同的输出回路,保证其中一个回路驱动电源故障时,每一节车厢的其余3个车门对应的滑动门能够正常工作,最大限度地避免出现拥挤情况。

4.3 控制电源

控制电源系统为屏蔽门系统的控制与监视系统主机、接口继电器等提供电源,故其电源的重要性和稳定性要求较高。同时,控制电源系统在供电系统失去交流供电时,利用蓄电池组为屏蔽门系统操作提供临时电源。

双电源切换箱或者 UPS 输出的交流电,一路经整流模块整流后输出 DC 24 V 控制电源为 PSC 柜内的继电器、监控主机等设备供电;另一路直接给 PSC 柜,在 PSC 柜内经过变压、整流和滤波后输出 DC 60 V 供给信号专业接口的电气回路使用,在信号回路中通过调节滑动变阻器的阻值,使得当触点闭合时,继电器线圈上的电压在允许范围内。图 4.6 为某屏蔽门设备控制电源柜示意图。

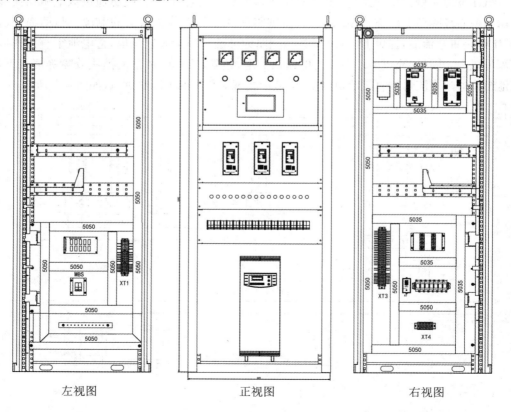

图 4.6　控制电源柜示意图

控制电源配电盘面上主要信号灯设置及显示内容包括：
① 隔离变压器输出母线电压过高指示。
② 电源故障指示。
③ 隔离变压器输出母线电压过低指示。
④ 馈电回路装置故障指示。
⑤ 各馈电开关位置显示。
⑥ 控制电源 UPS 故障指示。
⑦ 蓄电池组故障指示。
⑧ 受、馈电回路短路故障指示。

由于 UPS 的特点是无论市电输入是否存在波动，输出总为稳定的 AC 220 V，从而可保证信号接口回路的 DC 60 V/DC 24 V 电源的稳定性，因此在屏蔽门系统控制电源供电回路中一般都采用 UPS。

由于设置了一定容量的蓄电池，可保证在市电停电后的一段时间内，监视主机仍可持续工作一段时间，从而完成内部数据的处理和存储工作，满足运营的要求。控制电源一般采用冗余的供电方式，以保证其供电可靠性。

4.3.1 控制电源系统工作原理

控制电源系统包括隔离变压器、UPS、蓄电池组、高频开关电源装置、输出馈电单元、监控模块，馈线部分由两部分组成：AC 220 V 馈出和 DC 24 V 馈出。

控制电源工作原理如图 4.7 所示，双路电源切换后的输出交流电源经过隔离变压器做电气隔离，再经 UPS 把 AC 转 DC 再转成高质量的 AC 后输出。控制电源输出分为两部分：一部分直接给 PSC 设备提供 220 V 交流电源，另一部分经过 AC/DC 整流模块整流成 24 V 直流电后给屏蔽门控制设备供电。正常工作时，UPS 为在线式状态。蓄电池组直接连接于 UPS 直流母线上，控制 UPS 电源在交流输入异常或整流器故障时，蓄电池提供经 UPS 逆变单元逆变成稳定的不间断的交流电给负载供电，从而实现对负载的零间断供电。

4.3.2 控制电源系统监控模块

监控模块能监视控制电源装置的输出电压、电流，并能监视电源系统正常运行状态和故障状态，对 UPS 的重要状态进行远程监视，能将故障、状态信息传输到屏蔽门控制系统的主控机上，如图 4.8 所示。

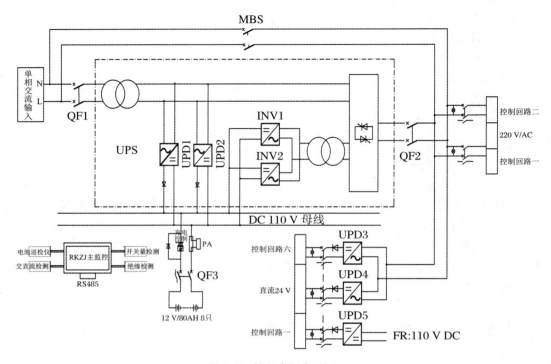

图 4.7 控制电源电路图

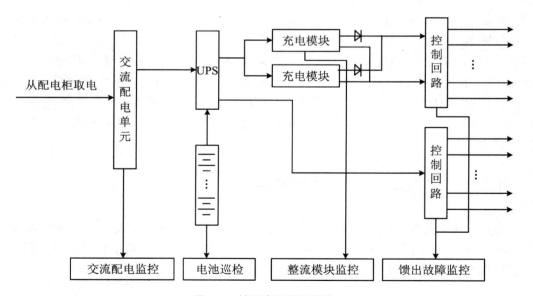

图 4.8 控制电源监控模块

4.4 屏蔽门 UPS 电源系统

4.4.1 UPS 电源简介

1. UPS 电源功能

UPS 的中文意思为"不间断电源",是英语"Uninterruptible Power Supply"的缩写,是将蓄电池(多为铅酸免维护蓄电池)与主机相连接,通过主机逆变器等模块电路将直流电转换成市电的系统设备,主要用于给电力电子设备提供稳定、不间断的电力供应,如图 4.9 所示。

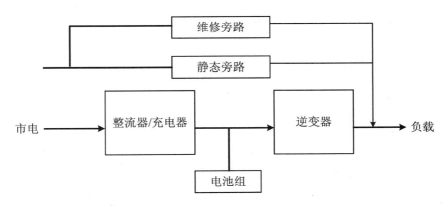

图 4.9 UPS 原理示意图

当市电输入正常时,UPS 将市电稳压后供应给负载使用,此时的 UPS 就是一台交流电稳压器,同时它还向机内蓄电池充电;当市电中断时,UPS 立即将电池的直流电通过逆变器转换为交流电向负载继续供应 220V 交流电或特定直流电,使负载维持正常工作。所以 UPS 主要起到两个作用:一是应急使用,防止突然断电而影响正常工作,给设备造成损害;二是消除市电上的电涌、瞬间高电压、瞬间低电压、电线噪声和频率偏移等"电源污染",改善电源质量,为设备提供高质量的电源。

2. UPS 电源组成

UPS 是一种含有储能装置,以逆变器为主要元件,稳压稳频输出的电源保护设备,主要由整流器、蓄电池、逆变器和静态开关等部分组成。

(1) 整流器

整流器是一个整流装置,简单地说,就是将交流电(AC)转化为直流电(DC)的装置。它有两个主要功能:第一,将交流电(AC)变成直流电(DC),经滤波后供给负载,或者供给逆变器。第二,给蓄电池提供充电电压。因此,它同时又起到一个充电器的作用。

(2) 蓄电池

蓄电池是 UPS 用来作为储存电能的装置,它由若干个电池串联而成,其容量大小决定了其维持放电(供电)的时间。其主要功能是:① 当市电正常时,将电能转换成化学能储存在电池内部。② 当市电故障时,将化学能转换成电能提供给逆变器或负载。

(3) 逆变器

通俗地讲,逆变器是一种将直流电(DC)转化为交流电(AC)的装置。它由逆变桥、控制逻辑和滤波电路组成。

(4) 静态开关

静态开关又称静止开关,它是一种无触点开关,是用两个可控硅(SCR)反向并联组成的一种交流开关,其闭合和断开由逻辑控制器控制,分为转换型和并机型两种。转换型开关主要用于两路电源供电的系统,其作用是实现从一路到另一路的自动切换;并机型开关主要用于并联逆变器与市电或多台逆变器。

4.4.2 UPS 电源设备分类

UPS 按工作原理分成后备式、在线式、在线互动式、三端口式、串并联补偿式等。

1. 后备式 UPS

(1) 后备式 UPS 工作原理

UPS 设备平时处于蓄电池充电状态,在停电时逆变器紧急切换到工作状态,并将电池提供的直流电转变为稳定的交流电输出,后备式 UPS 也被称为离线式 UPS。后备式 UPS 存在 2—10 ms 的时间切换,不适合于关键性供电场所。此外,后备式 UPS 一般只能持续供电几分钟到十几分钟。图 4.10 为后备式 UPS 电路原理图。

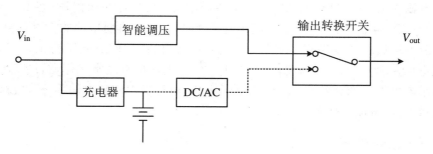

图 4.10　后备式 UPS 电路原理图

(2) 后备式 UPS 的特点

① 单变换器。
② 输出电性能指标一般,但能满足负载要求。
③ UPS 不对电网产生附加干扰危害,可靠性高。

④ 主要用在小功率 UPS 领域。

后备式 UPS 电源的优点是：运行效率高、噪音低、价格相对便宜，主要适用于市电波动不大，对供电质量要求不高的场合。

2. 在线式 UPS

(1) 在线式 UPS 工作原理

在线式 UPS 在工作时，首先将市电转化为直流电给 UPS 电池充电，同时逆变器将此直流电逆变为交流电为负载供电，由于市电经过了交流到直流、再到交流的转换过程，所以市电中原有的干扰和脉冲电压成分已经过滤得非常干净，因此，由在线式 UPS 逆变出来的电压很稳定。由于逆变电路始终在工作，所以当停电时，UPS 能马上将其存储的电能通过逆变器转化为交流电对负载进行供电，从而达到输出电压零中断的切换目标。图 4.11 为在线式 UPS 电路原理图。

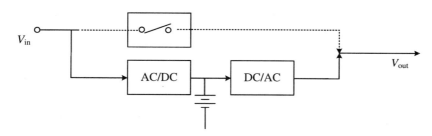

图 4.11 在线式 UPS 电路原理图

(2) 在线式 UPS 的特点

① 双逆变器。
② 输出电性能指标高。
③ 输入端 AC/DC 是整流电路，对电网产生严重的干扰危害。
④ 两个变换器始终在 100% 负载功率下工作，整机效率低，输出能力有局限，可靠性一般。

3. 在线互动式 UPS

(1) 在线互动式 UPS 工作原理

在线互动式 UPS 是一种智能化的 UPS，是指在输入市电正常时，UPS 的逆变器处于反向工作状态（即整流工作状态），给电池组充电；在市电异常时逆变器立刻转为逆变工作状态，将电池组电能转换为交流电输出，因此在线互动式 UPS 也有转换时间。同后备式 UPS 相比，在线互动式 UPS 的保护功能较强，逆变器输出电压波形较好，一般为正弦波，而其最大的优点是具有较强的软件功能，可以方便地上网，进行 UPS 的远程控制和智能化管理。可自动侦测外部输入电压是否处于正常范围之内，如有偏差可由稳压电路升压或降压，提供比较稳定的正弦波输出电压。图 4.12 为在线互动式 UPS 电路原理图。

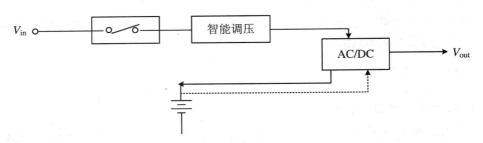

图 4.12　在线互动式 UPS 电路原理图

(2) 在线互动式 UPS 的特点

① 单逆变器,可双向工作。
② 输出电性能指标一般,但能满足负载要求。
③ UPS 不对电网产生附加干扰危害。
④ 可靠性高。
⑤ 用于 1—5 kVA UPS。

4. 三端口(单变换)式 UPS

(1) 三端口(单变换)式 UPS 工作原理

在市电正常时,逆变器处于监视状态并参与对输出电压的调整,为在线式 UPS。市电掉电后,电池通过逆变器(处于单向逆变状态)向负载供电。市电—电池转换时,输出电压没有切换时间,逆变器故障时,市电转旁路向负载供电。图 4.13 为三端口(单变换)式 UPS 电路原理图。

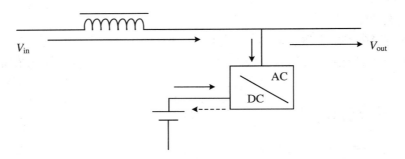

图 4.13　三端口(单变换)式 UPS 电路原理图

(2) 三端口(单变换)式 UPS 的特点

① 在线式工作,输出电性能指标高。
② 输入电路有 50 Hz 工频电感,利用输入电压和电感电压的相移稳定输出电压,因此输入功率因数低。
③ 可靠性一般。

5. 串并联补偿式 UPS

(1) 串并联补偿式 UPS 工作原理

市电正常时,市电经第一个逆变器线性补偿后向负载供电,两个逆变器随时监视并参与对输出电压的调整,为在线式 UPS。逆变器(Ⅱ)同时负责吸收负载电流的无功和谐波成分,保证输入电流为正弦波。市电掉电后,电池通过逆变器(Ⅱ)向负载供电。市电—电池转换时,输出电压没有切换时间,负载过载或逆变器故障时,市电转旁路向负载供电。图 4.14 为串并联补偿式 UPS 电路原理图。

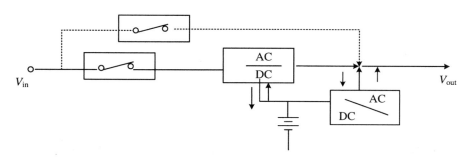

图 4.14 串并联补偿式 UPS 电路原理图

(2) 串并联补偿式 UPS 的特点

① 双逆变器。
② 输出电性能指标高。
③ 逆变器随时都交替工作在整流和逆变状态。
④ 对电网输入端不存在任何干扰危害。
⑤ 市电存在时,两逆变器都工作在轻载状态,效率高,输出能力强,可靠性高。

中国目前的 UPS 市场十分繁荣,国际知名品牌基本上都已进入中国,如来自欧洲的梅兰日兰,来自美国的爱克赛、APC 等,洋品牌虽在技术上有一定优势,但价格也较为昂贵,其主要市场份额集中在中大功率 UPS 市场(10 kVA 以上);20 世纪 90 年代以来,国内一些优秀品牌在 UPS 市场异军突起,凭借在技术上的不断追求与本土化的生产服务优势,取得了令人瞩目的成绩,已经成为中小功率 UPS 市场的主力军。表 4.1 为 UPS 分类表。

表 4.1 UPS 分类

	后备式	在线式	在线互动式	三端口式	串并联补偿式
逆变器个数	1	2	1	1	2
逆变器工作状态	冷备用	在线	热备用	在线	在线
调压方式	智能线性调压	逆变调压	智能线性调压	输入输出相移调压	逆变调压
输入功率因数	不附加失真	低(与负载无关)	不附加失真	最低(与负载无关)	最高(与负载无关)

续表

	后备式	在线式	在线互动式	三端口式	串并联补偿式
输出性能指标	一般	高	一般	高	高
市电故障转换时间	10 ms	0	4 ms	0	0
逆变器可靠性	高	低	高	低	较高
输出能力	强	一般	强	强	强
效率	高	一般	高	高	高

4.4.3 UPS电源技术要求

1. 蓄电池技术要求

蓄电池的折合浮充寿命在 25 ℃ 环境下应达 10 年,电池的质保期不少于 3 年。城市轨道交通供电系统对蓄电池的要求非常特殊,一般采用胶体电池或比较耐高温且寿命长的电池。对电池的延时要求一般为 1 h 左右。由于负载为屏蔽门,故其具体延时要求一般为半小时内屏蔽门能够开关门 3 次或 1 h 内屏蔽门开关门 5 次。

2. UPS电源电气性能要求

① 为了保证 UPS 电源的长期稳定和可靠地运行,UPS 采用成熟的数字控制方式。
② 电源设备的输入电压为 380 V,输入电压可调范围为 ±15%。
③ 输入频率为 50±5 Hz。
④ 输入功率因数应不小于 0.9,输入谐波电流失真度不大于 7%。
⑤ 输出为三相(380 V)交流电源,输出电压稳压精度为 ±1%。
⑥ 瞬态输出电压变化范围为 ±2%;当负载从 0 到 100% 突变时,20 ms 以内输出电压恢复到 ±1%。
⑦ 输出频率为(50±0.25)Hz(电池逆变工作)。
⑧ 配置输出隔离变压器。
⑨ 输出波形失真度≤3%。
⑩ 电源设备的效率≥90%。
⑪ 输出功率因数≥0.8。
⑫ 电流峰值系数≥3。
⑬ 过载能力:105% 可长期维持,125% 可维持 10 min 以上,150% 可维持 1 min 以上。
⑭ 允许三相负载 100% 不平衡。
⑮ 采用绝缘栅双极型晶体管(IGBT)功率器件。
⑯ UPS 配置手动维修旁路,可实现现场不断电维修。
⑰ 电源输出满足输出分路的需要,供电电源中断后,电源设备能为车站屏蔽门系统提供开关整列屏蔽门 5 次的电源供应。

⑱ UPS 电源设备具有对电池组在线检测功能,能够实时检测电池容量及电池的相关技术指标。

⑲ UPS 电源设备应具有抗雷击浪涌能力,能承受模拟雷击电压波形 10/700 μs、幅值为 5 kV 的冲击 5 次,模拟雷击电压波形 8/20 μs、幅值为 20 kV 的冲击 5 次,每次冲击间隔为 1 min,设备仍能正常工作。

3. UPS 电源保护功能

① UPS 电源设备具有输出短路保护功能,在输出负载短路时,立即自动关闭输出,同时发出声光报警信号。

② UPS 电源设备应具有输出过载保护功能,在输出负载超过额定负载时,发出声光报警;超出过载能力时,转为旁路供电。

③ 在 UPS 电源设备处于逆变工作方式时,电池电压降至保护点时发出声光告警,停止供电。

4. UPS 电源监控

屏蔽门 UPS 与综合监控系统直接互联(不经过屏蔽门控制系统),屏蔽门 UPS 的监控信息将传送给综合监控系统,并经综合监控系统传送至综合维修中心。屏蔽门 UPS 向综合监控系统提供所有状态、故障等信息。

技 术 训 练

1. 屏蔽门电源系统采用哪种供电模式?为何采用?
2. 简述屏蔽门系统驱动电源的工作原理。
3. 简述屏蔽门系统控制电源的工作原理。
4. 简述 UPS 的类型及其特点。

第 5 章　城市轨道交通屏蔽门监控系统

屏蔽门控制与监视系统主要作用是与信号系统进行信息交换,对屏蔽门的开门、关门进行控制,保证屏蔽门的开门、关门与列车车门动作同步,同时监视各控制信号及记录屏蔽门状态信息,并在关门过程中探测障碍物。

屏蔽门控制与监视系统主要由中央控制盘(PSC,含逻辑控制单元和监视单元)、就地控制盘(PSL)、综合后备盘(IBP)、门机控制器(DCU)、就地控制盒(LCB)及车站监视器(PSA)等设备组成,如图 5.1 所示。

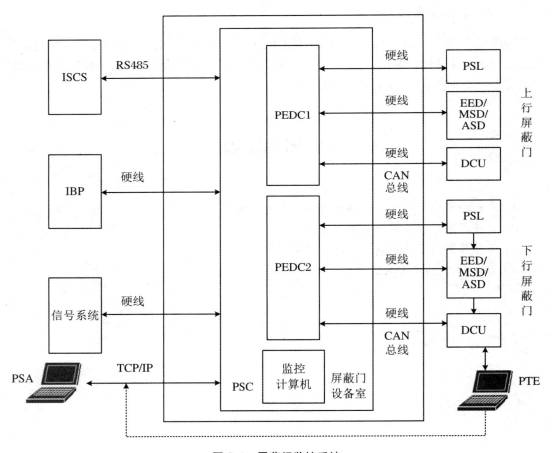

图 5.1　屏蔽门监控系统

5.1 城市轨道交通屏蔽门控制系统

5.1.1 控制系统概述

每个屏蔽门系统控制室原则上设置一套中央控制盘(PSC)，每套 PSC 控制两侧屏蔽门系统。每个车站的每侧屏蔽门系统的控制子系统由一套独立的逻辑控制门单元、PSL、控制回路及门头开关等组成。确保任一侧屏蔽门系统的故障不影响另一侧屏蔽门系统的正常运行；某一道门的故障不影响同侧其他门的正常运行。

每侧站台屏蔽门系统配备与综合监控系统(含 IBP)、信号系统进行通信或接口的介质及接口部件。侧式、岛式站台每侧的屏蔽门系统控制子系统分别与上下行信号系统配合，分别控制相应侧的屏蔽门系统。

5.1.2 中央控制盘(PSC)

PSC 包括柜体、逻辑控制单元、监控主机及显示终端，与信号系统、ISCS 的接口装置，接线端子排，布电缆的线槽及 PSC 面板的相关状态指示灯。图 5.2 为 PSC 柜图。

1. 基本要求

每个车站的屏蔽门系统设备室内设有一个 PSC，内部包含两套逻辑控制单元和至少一套监视系统，分别控制上行及下行两侧屏蔽门。各逻辑控制系统都配备与相应侧信号系统的接口连接设备。PSC 设备应具备如下功能：

① PSC 输入电源具有过流、过压保护功能。
② PSC 具有抗震、防尘、防潮及抗电磁干扰功能。
③ PSC 可以通过 PSC 液晶显示屏和手提电脑或便携式测试设备接口进行屏蔽门系统的维护和状态查询。
④ 每个 PSC 内所有设备共用盘内的接线端子及其他辅助设备。
⑤ PSC 可以将箱内设备相关的状态信息显示在箱体外表面。

2. 逻辑控制单元(PEDC)

PSC 内的逻辑控制部件是屏蔽门系统内部、外部关键命令的执行及反馈的重要部件，是保证系统安全可靠指示的重要零部件，放置在设备室内。每侧屏蔽门系统至少配置一套单独的逻辑控制单元，主要由继电模块、接口设备等相关设备组成。PEDC 应具备如下功能：

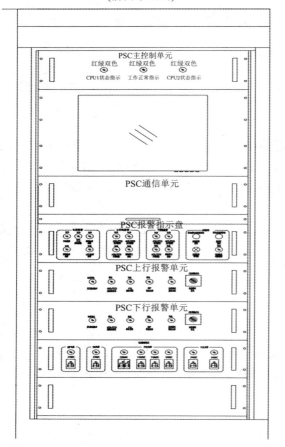
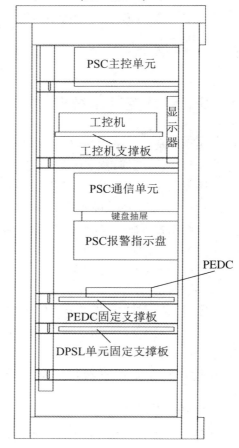

(1) PSC平面布局图

(2) PSC实物图

图 5.2　PSC 柜

① 每套 PEDC 上均配置与信号系统的接口，接收信号系统传来的开/关门的关键命令，并能正确地控制相应门单元进行动作，并向信号系统可靠反馈屏蔽门系统的状态信息。

② 每个车站内的各 PEDC 上配有独立的回路并与车站控制室 IBP 相连，以便于在火灾状况下可以发送"开门"命令到任意一侧屏蔽门系统，打开站台相应侧的屏蔽门，并反馈状态信息。

③ 能够可靠执行 PSL 上的操作命令，并正确向信号系统反馈此闭锁回路的状态信息。

3. 中央控制盘面板设置

中央控制盘面板应至少设置如下状态指示灯：
① ASD/EED 开门状态指示灯。
② PSL 操作允许状态指示灯。
③ ASD/EED 全关闭并锁紧状态指示灯。
④ ASD/EED 互锁解除报警指示灯。
⑤ ASD/EED 开门故障指示灯。
⑥ ASD/EED 关门故障指示灯。
⑦ 现场总线故障指示灯。
⑧ PSC 供电电源故障指示灯。
⑨ 故障复位按钮指示灯。
⑩ PSC 盘面测试按钮。
⑪ 手动操作指示灯。

5.1.3 控制功能

屏蔽门控制系统具有系统控制级（信号控制）、站台控制级（含 PSL 控制和紧急模式 IBP 控制）和手动操作（站台侧用钥匙或轨道侧用把手开关门和 LCB 控制）三级控制方式。三种控制方式中以手动操作优先级别最高，IBP 的控制模式比 PSL 控制模式高，系统级控制优先级别最低。

1. 信号控制原理

系统级控制是在正常运行模式下由信号系统直接对屏蔽门系统进行控制的方式。在系统级控制方式下，列车到站并停在允许的误差范围内时，信号系统向屏蔽门系统发送开/关门命令，控制命令经信号系统（SIG）发送至屏蔽门系统中央控制盘，中央控制盘通过 DCU 对滑动门开/关进行实时控制，实现屏蔽门系统的系统级控制操作。

(1) 开门操作

信号系统确认列车停在允许范围内时，信号系统向屏蔽门控制系统发出开门命令到中央控制盘。中央控制盘通过硬线安全回路向 DCU 发送开门的命令，门开启时，顶箱上门状态指示灯点亮，PSC、PSL 及 IBP 上"ASD/EED 开门"状态指示灯点亮；同时，PSC、PSL 及 IBP 上所有"ASD/EED 关闭且锁紧"状态指示灯熄灭。

(2) 关门操作

列车即将离站时，信号系统发出关门命令到中央控制盘，中央控制盘通过硬线安全回路向 DCU 发送关门的命令，整列滑动门动作关闭，关门过程中顶箱指示灯闪烁，门关闭并锁紧后顶箱上门状态指示灯和 PSC、PSL 及 IBP 上"ASD/EED 开门"状态指示灯熄灭；同时，PSC、PSL 及 IBP 上所有"ASD/EED 关闭且锁紧"状态指示灯点亮。中央控制盘向信号系统反馈所有门关闭且锁紧信号，信号系统接收到屏蔽门系统锁闭信号后，列车离站。

列车乘客门与屏蔽门系统开关的先后顺序：屏蔽门系统的滑动门与列车车门开门时，按照信号系统的开门命令自动开门；关门时，屏蔽门系统的滑动门与列车门按设定的程序启动。屏蔽门系统与信号系统进行以上模式的配合。

2. PSL 控制

PSL 控制是由列车驾驶员或站务人员在站台 PSL 上对屏蔽门系统进行开/关门的控制方式。当系统级控制不能正常实现时，如在 SIG 故障、中央控制盘对 DCU 控制失败等故障状态下，列车驾驶员或站务人员可在 PSL 上进行开门、关门操作，实现屏蔽门系统的站台级控制操作。图 5.3 为 PSL 设备实物图。

图 5.3 PSL 设备

(1) PSL 设备配置要求

① PSL 的输入电源具有过流、过压保护功能。

② 具有抗震、防尘、防潮及抗电磁干扰要求，并满足地铁环境要求，防护等级达到 IP55。

③ PSL 盘面至少包括 PSL 操作允许转换钥匙开关，并有 PSL 操作状态指示灯。PSL

开/关钥匙可以控制屏蔽门系统的开/关动作。该钥匙开关共设三挡,分为正常位、关门位、开门位,通过旋转开关到各自位置,可以对所有滑动门发出开/关门命令。

④ PSL 所采用的按钮可靠、安全、耐用,安装牢固,外观美观。

(2) PSL 设备功能要求

① PSL 具有发出"开门""关门""互锁解除"命令的功能。

② 监控系统可以探测到 PSL 的操作状态信息。

③ 无论系统级别是否失败,都可由 PSL 对屏蔽门系统进行就地控制。

④ 在允许 PSL 操作状态下,PSL 能控制屏蔽门系统进行开门、关门操作。

⑤ 通过 PSL 向信号系统发送"ASD/EED"互锁解除信息。

⑥ PSL 上的 ASD/EED 互锁解除及操作允许转换是自复位式的。

(3) PSL 设备安装要求

① PSL 应安装在端门靠轨行区侧设备室墙面上,操作和维护方便且不妨碍司机对站台的瞭望。

② PSL 的安装应不侵入限界且操作方便。

③ PSL 与墙体和屏蔽门系统门体之间应采用绝缘安装方式。

(4) PSL 设备控制

① 开门操作。列车驾驶员或站务人员用 PSL 钥匙将 PSL 操作开关打至开门位,屏蔽门系统开始打开,当屏蔽门系统完全打开后,顶箱上门状态指示灯点亮,PSC、PSL 及 IBP 上"ASD/EED 开门"状态指示灯点亮且显示绿色;同时,PSC、PSL 及 IBP 上所有"ASD/EED 关闭且锁紧"状态指示灯熄灭。

② 关门操作。列车驾驶员或站务人员在用 PSL 钥匙将 PSL 操作开关打至关门位,屏蔽门系统开始关闭,当屏蔽门系统全部锁闭后,PSC、PSL、IBP 上的"ASD/EED 开门"状态指示灯熄灭,同时,PSC、PSL 及 IBP 上所有"ASD/EED 关闭且锁紧"状态指示灯点亮。待列车驾驶员或站务人员完成关门操作后,将 PSL 操作开关打至"复位"位置,即可取下 PSL 钥匙。

③ 门关闭后无法发车。当屏蔽门系统全部关闭,但因锁闭信号丢失或信号系统无法确认门是否锁闭而不能发车时,列车驾驶员或站务人员用钥匙开关打开 PSL 上的操作允许开关,此时 PSC 面板上的"PSL 操作指示灯"点亮;列车驾驶员或站务人员再用钥匙开关在 PSL 上进行"ASD/EED 互锁解除"操作。

3. IBP 控制

IBP 的控制模式设计应以每侧站台为独立的控制对象。在车站紧急情况下(如火灾),在车站控制室将 IBP 上的钥匙开关打到开门位,打开屏蔽门系统滑动门,滑动门完全打开后 PSC、PSL、IBP 上的"ASD/EED 开门"状态指示灯亮。本命令属于紧急状态下的紧急开门命令,优先级高于 PSL 控制和系统级控制。图 5.4 为 IBP 实物图。

(1) IBP 功能要求

① 在 IBP 上以每侧屏蔽门系统为单位设置开门钥匙开关、"ASD/EED 开门"状态指

示灯、"ASD/EED 关闭且锁紧"状态指示灯,并设置一个测试按钮,以测试 IBP 上屏蔽门系统指示灯的工作状态。

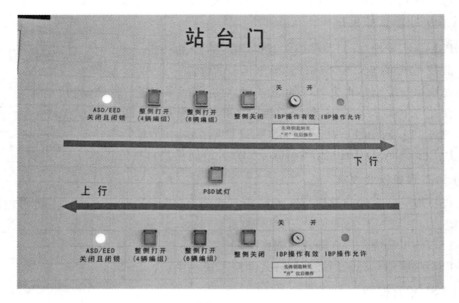

图 5.4 IBP

② 开门、关门状态指示灯能实时反映门状态,显示功能与 PSL 的状态指示灯一致。

③ IBP 上设置协助站台排烟的控制按钮,每侧站台各设置 1 个,分别控制。当按下该按钮时,可开启对应侧首、尾各 2 道滑动门(即第 1、2 和第 23、24 道滑动门)协助排烟功能。

④ 上下行"IBP 操作有效"钥匙单独设置。

(2) IBP 控制

当控制系统电源故障或个别屏蔽门操作机构发生故障时,站台工作人员在站台侧用钥匙或乘客在轨道侧用开门把手打开屏蔽门。此时,中央控制盘上的"ASD/EED 手动操作"状态指示灯点亮。

4. LCB 控制

就地控制盒靠近 DCU 设置,并安装在顶箱内。就地控制盒包括一个自动/隔离/手动开/手动关四位式开关,如图 5.5 所示。自动/隔离/手动开/手动关钥匙开关的位置应方便站台侧工作人员通过钥匙进行模式转换,且钥匙只有在自动位和隔离位时方可取出。每个门单元如果发生故障,均可通过就地控制盒使此单元隔离并切断电源,从而不影响整个系统的正常工作。LCB 的设置应充分考虑系统的运行安全。

工作人员可通过自动/隔离/手动开/手动关钥匙开关选择下列操作模式:

①"自动"位:当转换开关处于"自动"位置时,由系统控制 ASD 开/关门。

②"隔离"位:当转换开关处于"隔离"位时,单个滑动门单元与系统隔离,切断本单元的电力供应,不影响整个系统的正常工作,便于维修。在此模式下,该樘滑动门的安全回路不被旁路。

③"手动开"位:当转换开关置于"手动开"位时,可使该滑动门执行开门动作。在此模式下,该樘滑动门的开关门状态脱离了安全回路,不影响轨道交通的正常运行。

④"手动关"位:当转换开关置于"手动关"位时,可使该滑动门执行关门动作。在此模式下,该樘滑动门的开关门状态脱离了安全回路,不影响轨道交通的正常运行。

图 5.5　LCB 设备

5. DCU 控制

(1) DCU 配置

DCU 的控制核心为数字信号处理器(DSP),该控制芯片是专用于电机运动控制领域的工业用单片 DSP。DCU 电机控制系统由无刷直流电机 DSP 数字控制系统构建,对直流电源输出的母线电流进行采样,转子位置传感器得到的转子位置信息作为同步换向的换向位置信息。DCU 接收屏蔽门门体动作、状态及故障信号,保证屏蔽门设备正常运行。DCU 至少应配置如下:

① 配置自动/手动/隔离转换开关的控制输入接口。
② 配置手动开/关门命令及控制输入接口。
③ 配置门状态显示灯接口。
④ DCU 配置现场 CAN 总线接口,现场总线采用冗余设计。图 5.6 为一种 DCU 冗余设计。

(2) DCU 控制功能

① 执行系统控制和就地控制设备发来的控制命令。
② 能够采集并发送门状态信息及各种故障信息。
③ 通过 DCU 内设置的编程/调试接口,可在线和离线调整参数和软件组态,并可进行重新编程和参数的重新设置,具有本控制单元的可离线调试功能。

④ DCU 可以外接便携式测试设备来进行单体门的调试。
⑤ DCU 对门状态指示灯进行正确控制,灯的状态包括闪烁、常亮、常灭。

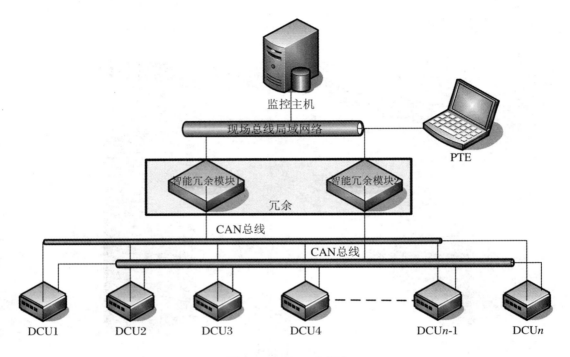

图 5.6　DCU 冗余设计

5.2　城市轨道交通屏蔽门监视系统

由现场总线通信局域网构成的总线型监视系统,可通过每个 DCU 将单个门单元相关状态通过维修终端进行状态显示,还可以通过 PSC 对整个监视系统进行参数修改、软件下载以及每个门单元的故障、状态查询。每个车站所有屏蔽门系统单元的状态可以通过维修终端进行查询。

5.2.1　监视系统

每侧站台屏蔽门单元中所有设备的状态信息均通过现场总线传送到每个屏蔽门控制子系统的 PSC 上,通过 PSC 液晶显示屏及便携式维护设备(PTE)均可以从 PSC 上查询到所监视设备的当前状态。PSC 将与运营相关的屏蔽门系统状态及故障信息通过电缆或光缆通道发送至综合监控系统(ISCS)进行状态和故障显示,可实现屏蔽门系统相关状态的查询及故障报警,并可以利用屏蔽门系统传送的数据进行运营月、季报表生成以及运营故障记录等。屏蔽门系统根据 ISCS 提供的时钟同步信息进行校对。屏蔽门系统运行的关键状态及故障信息由 ISCS 发送至控制中心服务器。

监视系统的主要功能至少应包括如下内容：

1. 关门时的障碍物探测

当屏蔽门在关闭过程中夹住人或物时，如果对于人的作用力大于设定值，滑动门立即停止关闭，并同时释放夹紧力。经过一定时间后，门重新关闭。上述过程重复三次后，门仍不能关闭锁定，门将打开待修，该门顶箱上的指示灯闪烁。

2. 对故障信号进行采集和报警

控制系统中的 PSC 及 DCU 能对如下故障信号进行采集和报警，并可以在系统内设置必要的逻辑闭锁及解除闭锁的功能。

(1) DCU 和门机故障

当个别 DCU 或门机发生故障，导致门在系统级及站台级控制下无法打开或无法关闭时，车站控制室综合监控系统将进行报警，并显示出具体的故障信息。此时由站台工作人员将个别故障门由自动状态转为隔离状态，使该门单元脱离该控制子系统，维修人员可以通过手提电脑接口检测到相应信息。个别故障门单元退出控制系统，不影响整列屏蔽门控制系统的正常运行。DCU 或门机故障需进行维修时，应将转换开关转到维修状态。

(2) 电源故障

当屏蔽门控制系统电源发生故障时（包括控制电源故障、蓄电池故障、驱动电源故障以及个别驱动电机电源故障），系统将进行声光报警，可以通过维修工具查询到相应的详细故障信息。

(3) 网络通信系统故障

系统通信网络由现场总线及一些硬线传输回路构成，当现场总线发生故障时，系统将进行声光报警。

5.2.2 监控主机

监控主机是每个控制子系统的主要设备，属于整个总线网络的主设备。监控主机实现系统内部信息的收发、采集、汇总和分析，实现与 ISCS、PSC、PSL、DCU 各单元之间的信息交换，并能够查询逻辑控制单元中各个回路的状态；具有足够存放数据和软件的存储单元；具有运行监视功能及自诊断功能。监控主机主要功能如下：

① 能够通过现场总线在线监视所有 DCU、电源设备和控制设备的工作运行状况。每个监控主机均能够在接收到信号系统的开/关门命令后，快速、准确地反应并发出开/关门命令。

② 每个屏蔽门控制子系统在个别 DCU 故障、从总线断开等状况下仍能正常工作。执行信号系统指令，控制 DCU 实现相应操作，并向信号系统反馈屏蔽门系统的状态信息。

③ 能够查询 PSL 上的操作和状态信息。

④ 通过设置的编程/调试接口，可下载并可在线和离线调整参数和软件组态，通过现

场总线对各 DCU 单元重新编程。

⑤ 可以接收车站控制室 IBP 的开门命令，以配合环控系统完成火灾排烟模式。监控系统支持多模光口或以太网的传输协议，能顺利地与综合监控系统、中央控制盘进行通信，将屏蔽门系统的运营状态及有关故障信息发送至车站控制室。

⑥ 监控系统能够自动检测屏蔽门系统内部的一些重要故障，包括电源故障报警和蓄电池故障报警、控制网络故障、DCU 等相关设备故障并进行故障显示或故障记录。

⑦ 主机内能设置速度曲线，并且存储常用的开/关门、障碍物探测以及停电等意外模式下门体的运行曲线。在主机内可以修改速度曲线参数，并能实现集中下载到每个 DCU。

⑧ 屏蔽门系统各设备从状态出现至显示于终端的时间不大于 0.5 s。

屏蔽门监控系统查询得到的状态信息如表 5.1 所示。

表 5.1 屏蔽门状态信息量表

类别		实现的功能	说明	备注
故障信息	1	单道滑动门关门故障报警	门单元在设定时间内未关闭	每个门单元
	2	单道滑动门开门故障报警	门单元在设定时间内未打开	每个门单元
	3	应急门未锁紧报警	在一定时间内，站台应急门未锁紧	每扇应急门
	4	每个滑动门非正常开门状态报警	每个滑动门非正常开门状态（未接到 SIG、PSL、IBP 开门命令）	每个门单元
	5	门处于手动/隔离报警	门处于手动/隔离状态，此门从自动控制系统中隔离出来	每个门单元
	6	主电源故障报警	电源双切换箱供电出现故障	每个车站
	7	驱动电源故障报警	车站内 PSD 中驱动电源出现故障	每个车站
	8	控制电源故障报警	车站内 PSD 中控制电源出现故障	每个车站
	9	监视电源故障报警	车站内 PSD 中监视电源出现故障	每个车站
	10	现场总线故障报警	中央控制盘中的监视系统出现故障	每个车站
	11	每个站台端门未锁紧报警	在一定时间内，站台端门未锁紧	每扇端门
	12	单侧站台滑动门/应急门互锁解除报警	单侧站台滑动门/应急门处于"互锁解除"状态	每侧站台
	13	每个门控单元故障报警	站台上有门控单元出现故障	每个门单元
故障信息	14	每个电机故障报警	站台上有电机出现故障	每个门单元
	15	门处于手动/旁路报警	门处于手动/隔离状态	每个门单元
	16	ASD/EED 互锁解除报警	单侧站台 ASD/EED 处于互锁解除状态	每个车站
	17	应急门打开状态报警	每侧站台上有应急门处于打开状态	每扇应急门
	18	门单元锁闭检测开关故障报警	门单元锁闭检测开关故障	每个门单元
	19	应急门检测开关故障报警	应急门检测开关故障	每扇应急门

续表

类别		实现的功能	说明	备注
故障信息	20	门位置传感器故障报警	门位置传感器故障	每个门单元
	21	关门检测到障碍物报警	关门检测到障碍物	每个门单元
	22	开门检测到障碍物报警	开门检测到障碍物	每个门单元
	23	门未经许可离开关门位置故障报警	门未经许可离开关门位置	每个门单元
	24	门驱动电机断路故障报警	门驱动电机断路故障	每个门单元
	25	DCU 输出短路故障报警	DCU 输出短路	每个门单元
	26	备用		
	27	备用		
状态信息	1	ASD/EED 开门状态	显示每个 ASD/EED 开门状态	每个门单元
	2	ASD/EED 关门状态	显示每个 ASD/EED 关门状态	每个门单元
	3	MSD 开门状态	显示每个 MSD 开门状态	每扇端门
	4	每个门单元的控制模式状态	每个单元的隔离、手动、自动状态	每个门单元
	5	每侧站台 PSL 操作允许	PSL 操作开关置"PSL 允许操作"	每侧站台
	6	每侧站台的 PSL 开门命令	每侧站台 PSL 每次开门命令	每侧站台
	7	每侧站台的 PSL 关门命令	每侧站台 PSL 每次关门命令	每侧站台
	8	紧急模式下屏蔽门应急开关开门命令	IBP 发出开门命令	每侧站台
	9	信号系统开门操作	每侧站台与信号系统开门命令成功触发	每侧站台
	10	信号系统关门操作	每侧站台与信号系统关门命令成功触发	每侧站台
	11	系统时间信号	整个系统的时间信号	每个 PSC
运营报表	1	可对每个门单元进行运营报表统计	可按月、季度（或门的编号）对每个门单元进行运营统计和查询（故障时间、次数等），并统计故障持续的时间、什么时间恢复	

技 术 训 练

1. 简述屏蔽门中央控制盘功能。
2. 简述屏蔽门信号系统与屏蔽门系统联动开关门原理。
3. 简述 PAL 设备结构及功能。
4. 简述 LCB 设备结构及功能。
5. 简述屏蔽监控系统功能及作用。

第6章 城市轨道交通屏蔽门安全设施

6.1 缝隙瞭望灯带及防踏空胶条警示灯带

6.1.1 缝隙瞭望灯带

1. 瞭望灯带概述

瞭望灯带是安装在站台尾端屏蔽门立柱外侧的竖行软管,作为司机观察屏蔽门与列车门中间是否存在异物的辅助措施,如图6.1所示。当有障碍物或人被夹在屏蔽门和列车门之间,灯带的灯光就被遮挡,司机就不会启动列车,排除障碍物后,再启动列车。如果司机能看见软灯无障碍物遮挡,则可以启动列车。这种方式在地下直线站台有较好的应用条件,有效性很高,但对于高架站、地面站或者曲线台就不太适用。曲线站受站台曲率影响,高架和地面司机受自然光线干扰,司机的瞭望条件差有可能看不到或看不清灯带,灯带的有效性大打折扣。此外瞭望灯带仅起到辅助作用,司机人工确认本身存在误判和疏忽风险。

图6.1 瞭望灯带

瞭望软灯装置由支架和 LED 软灯组装而成,长度不小于 1800 mm,支架的材料为橡胶。橡胶支架具有足够的强度,能够承受列车运行产生的活塞风力,同时在车辆运行可能产生碰擦时能够避免车辆受损。

2. 瞭望灯带功能要求

① 缝隙灯带一般采用高亮度组合式 LED 灯,列车运营期间灯带处于常亮状态。灯带的亮度能确保在站台另一端的列车司机能清晰地看见。

② 瞭望灯带颜色不与信号灯颜色冲突。

③ 灯带的安装位置、线缆走向由现场定,不得影响进、出站信号机的显示,不得侵入车辆限界。

④ 一般在每个车站的每侧站台的站尾设置 1 套缝隙灯带。

⑤ 站台瞭望灯带电源回路引自设备室内控制电源,设置独立开关回路。

⑥ 瞭望灯带控制方式为根据轨道公司列车早上发车和晚上收车时间来自动控制,即:早上发车时瞭望灯带自动点亮,晚上收车时瞭望灯带自动熄灭,列车运营时间灯带保持常亮。

⑦ 瞭望灯带装置的材料满足地铁环境及有关地铁设计规范的要求且应为环保型材料。

⑧ 瞭望灯带能适应 0—45 ℃ 环境温度。

6.1.2 防踏空胶条警示灯带

1. 防踏空胶条警示灯带概述

为了避免安全隐患,应在屏蔽门滑动门轨道侧和列车门之间安装缝隙灯带装置;同时为了提醒乘客在上下车时注意列车与屏蔽门之间的间隙,应在防踏空胶条上设置警示灯带,如图 6.2 所示。

图 6.2　防踏空胶条警示灯带

2. 防踏空胶条警示灯带功能要求

① 在每个滑动门单元门槛的轨道侧设置通电发光的荧光灯带,以提醒乘客上下车注意间隙。灯带控制信号取自整侧门的关闭锁紧信号,警示灯带能发挥关闭/锁紧信号状态的提示功能。当滑动门打开时,警示灯带应处于点亮状态;当滑动门关闭时,警示灯带应处于熄灭状态。

② 防踏空警示灯带采用组合式 LED 灯带。

③ 警示灯带电源回路引自屏蔽门的电源系统,独立设置开关控制。

④ 灯带安装与固定须与门槛相适应。

6.1.3 电源接口

瞭望灯带与防踏空警示灯带电源取自屏蔽门电源系统的控制电源,一般采用 24 V 直流电,分上行与下行两组供电。

6.2 防夹挡板、防攀爬斜板及防踏空胶条

6.2.1 防夹挡板

防夹挡板是一种高 60 cm 左右的柔性橡胶挡板,竖向安装在屏蔽门轨道侧滑动门的侧边缘,与滑动门呈直角,并涂上醒目的警示色。安装高度是滑动门高度的 1/3,宽度略小于从滑动门内侧到停靠的列车边缘的距离,如图 6.3 所示。当滑动门关闭时,对屏蔽门与车体间的间隙有一定的补偿,假如有乘客位于屏蔽门与列车的间隙内,会由于腿脚被夹到而使滑动门弹开,大大降低了被困在危险区域的概率,是目前比较有效的措施之一。但是该方案功能单一,不太美观,易侵入限界,防护能力有限,在客流较大时乘客未挤上列车又未及时退出滑动门时,起不到任何防护作用,也不能解决夹包夹衣物等问题。

6.2.2 防攀爬斜板

滑动门防攀爬斜板的设计是减少屏蔽门与列车之间间隙过宽的一种处理措施,起到消除站立区域的作用,安装在滑动门下部门框的轨道一侧,如图 6.4 所示。在保证不侵入车辆限界的前提下,设置在滑动门底部,并尽量贴近踏步板,斜面的设计基本排除了乘客平稳站立在斜板表面的可能性,减少乘客在门与车辆之间的缝隙停留的危险。防攀爬斜板的安装不会侵限,无需额外加装有源设备,是比较有效的方法之一。它的缺点是增大了滑动门的门体重量,改变了重心位置,增大了运行阻力,直接影响开关门速度,使得滑动门驱动电机和驱动控制单元的输出功率变大,影响了系统整体的性能和寿命。

图 6.3 防夹挡板

图 6.4 防攀爬斜板

6.2.3 防踏空胶条

防踏空胶条安装在站台滑动门门槛边缘,目的是为了保证乘客的乘车安全,避免乘客或大件物品被夹在安全门与列车车体之间,有效地缩短站台和车厢的距离,可以防止乘客上下车时出现踏空或所携带行李卡在空隙当中的现象,保证乘客及列车运营安全。图 6.5

为防踏空胶条安装位置示意图。

防踏空胶条一般由刚性支撑板、橡胶齿梳组成。橡胶齿梳在水平方向上柔软,避免刷蹭时对车体造成损伤。防踏空胶条宽度根据门槛边缘与车体间隙确定,如图6.6所示。

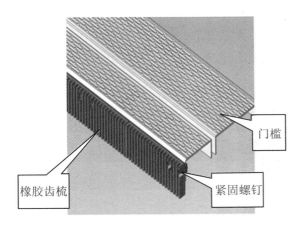

图6.5 防踏空胶条安装位置示意图

图6.6 防踏空胶条实物图

防踏空胶条材料及技术要求:

① 具有抗腐蚀性。

② 梳齿胶条在外力作用下橡胶条出现内聚破坏时,橡胶条与其他材料不会出现剥离现象,梳齿胶条在垂直方向具有高强度和高刚度特性,一定数量的梳齿能同时承受4个成人(平均体重为75 kg)的重量。

③ 梳齿胶条安装后要满足限界要求,同时在水平方向具有低刚度、柔软特性,能够应对车辆运行时可能出现的碰撞,保护车辆不被损坏。

④ 梳齿胶条的安装应充分考虑屏蔽门门体与钢轨等电位连接的特点,且安装完毕不影响屏蔽门的绝缘性能。

⑤ 梳齿胶条在其寿命期限内的绝缘性能不降低,使用寿命不低于10年。

6.3 激光探测报警装置

6.3.1 激光探测装置的设备组成及工作原理

为确保行车安全,避免乘客或物品被夹在屏蔽门与列车体之间导致危险,应在屏蔽门与列车体之间设置障碍物探测系统。障碍物探测系统一般可采用激光和红外线检测两种方式。

激光探测装置主要由激光发射机、激光接收机、电源、声光报警器等组成,站台出站端和车站控制室均设置报警装置,如图6.7所示。当站内无车,屏蔽门闭合,激光探测系统处于正常工作状态,此时激光接收机会接收到激光发射机发出的红外线光束,进而形成完整回路。当遇到障碍物时,光束被阻断,接收机无法接收到信号,此时,报警器会发出报警信号,待人工处理好障碍物后,停止报警,司机接收到安全信号后,方可运行列车。

图 6.7　屏蔽门光探测装置

红外线检测传感器,将长度 120 m 左右的整侧站台作为一个防护区域,自动进行探测。当屏蔽门和车门关闭后仍有乘客或者物体处于间隙之中,阻断任一光束,该系统即切断屏蔽门安全回路信号,阻止列车启动。装设在站台头端司机立岗位置的报警装置同时发出声光报警,提醒司机危险的存在,直至障碍物清除。此外该系统通过 RS-485 总线将报警信息和探测传感器的工作状态实时传输至使用终端,提醒地铁运维人员及时进行处置,增强系统可靠度。

两者相比较,激光探测装置的成本较高,误判率低,目前应用较多。激光探测装置属于主动入侵探测装置类,具有以下优点:① 激光束发射散角小,频率可调,能够避免探测光束在屏蔽门与列车设备之间的乱反射导致的误报警和探测光束之间相互覆盖造成的误报警;② 激光束波长单一,抗干扰性强,能够避免车灯、站台灯光等光源的干扰,降低误报率,对其他设备也不会造成干扰;③ 对环境和温度的适应性好,在 -40—70 ℃ 的环境下仍能正常工作。

6.3.2　激光探测装置功能要求

1. 具有旁路报警信号输入功能

当有障碍物遮挡激光束时激光探测装置会直接发出障碍报警,手动操作旁路模式开关,隔离激光探测装置。同时旁路信号将发送到屏蔽门系统的 PSC 进行存储及显示,障碍报警灯同时亮灯。

2. 具有故障报警输出功能

① 激光探测器自身发生故障时将导向故障报警。包括发射器的发射板停止工作、激光管损坏，以及接收器的接收板停止工作、光电接收件损坏，发生其中任何一项故障时都会立刻导向发出故障报警。

② 若系统控制主机不能向激光探测器正常供电，以及若激光探测器向系统控制主机报警的传输线路出现断线等故障，将发出故障检测报警，即故障检测灯亮红灯，并同步导向故障报警，障碍报警灯同时亮红灯。

3. 具有障碍探测报警输出功能

在激光探测器处在工作状态时，若有障碍物遮挡便会直接发出障碍探测报警。

4. 具有声光报警器端口

激光束对障碍物进行检测，当有障碍物时，向声光报警器输入信号，使设在站台或站台控制室的声光报警器报警。

5. 能够控制输入

在收到屏蔽门系统的"关门"信号之后开始工作，并延时 20 s(10—30 s 可调，即保持工作状态至列车完全离开站台后)停止工作。

6. 具有障碍报警灯

激光束对障碍物进行检测，无障碍物时系统控制主机面板上的障碍报警灯亮绿灯，有障碍物时系统控制主机面板上的障碍报警灯亮红灯。

7. 具有故障检测灯

对系统控制主机是否向各激光探测器正常供电，激光发射机是否正常工作，以及激光接收机通向系统控制主机的报警传输线路是否断线等进行检测，当检测正常时，系统控制主机面板上的故障检测监视灯亮绿灯；而检测异常时，系统控制主机面板上的故障检测灯报警亮红灯。

6.3.3 激光探测装置工作原理及流程

屏蔽门系统对屏蔽门的站台边缘间隙进行实时监视，发现间隙内有障碍物(人体或物体)滞留时现场发出声光报警，通知相关站务工作人员到该检测区域进行处理，以保证乘客和车辆运营的安全。具体流程如下：

① 探测报警系统在收到屏蔽门系统的"关闭并锁紧"信号之后，探测系统立刻进入探测状态。

探测器在设定时间内没有探测到障碍物，则探测系统自动停止工作。如果探测到障碍物,则自动续延设定时间继续探测,直到探测不到障碍物而自动关闭。恢复初始待机并等待下一趟列车到来。

② 等待下一次列车进站后,屏蔽门开启再关闭时,探测系统重新进入探测状态。

③ 在探测状态下,若有障碍物阻断任何一条光束,即会在现场实时发出声光报警,启动站务人员附近的 PSL 发出报警,同时向车站控制室发出报警信息,并通知相关站务工作人员到该检测区域进行处理。控制室人员可以通过摄像头查看站台情况。障碍物清除后延迟若干秒,主电源自动停止供电,系统进入待机状态。

当本系统一直处于报警状态(ASD/EED 处于"关闭且锁定"状态,且列车与屏蔽门之间无任何障碍物),导致列车无法出站时,可打开旁路开关,使激光报警系统处于旁路状态,如图 6.8 所示。

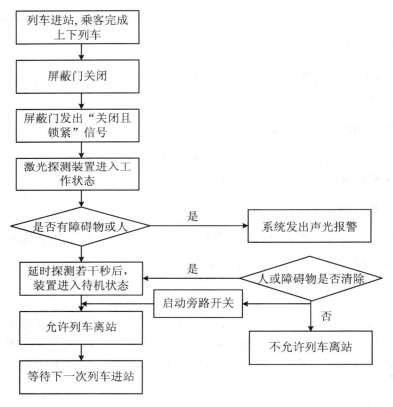

图 6.8 激光探测装置工作流程图

6.3.4 激光探测装置工作模式

激光探测装置主要有自动模式和旁路模式两种,自动模式和旁路模式通过旁路开关实现。自动模式是指激光探测装置在正常工作模式下的运行状态,工作流程如图 6.8 所示。旁路模式是指激光探测装置永远处于待机状态,障碍物探测报警系统停止工作,且不影响列车正常运行及屏蔽门系统正常工作。

6.4 屏蔽门绝缘设施

根据《地铁设计规范》(GB 50157—2013)的相关要求,列车进站时,轨道和列车车体的对地电压会升至 90—130 V,为了避免乘客发生触电的危险,屏蔽门门体需要与轨道进行等电位连接,并将屏蔽门整侧门体与土建结构进行绝缘处理;同时对屏蔽门站台侧与屏蔽门距离 2 m 范围内的地面进行绝缘处理。

6.4.1 门体绝缘垫及绝缘衬套

目前,门体与土建结构的绝缘基本采用在门体结构上部与轨顶风道梁连接件、下部与站台板连接件中加入绝缘垫片和绝缘衬套的形式来实现,如图 6.9 与图 6.10 所示。绝缘衬套基本由硅树脂玻璃层压布板或聚对苯二甲酸丁二醇酯加工而成,绝缘垫片的基本材料为聚酯薄膜,以上绝缘材料的电击穿强度为 2.3 kV/mm,绝缘电阻为 0.5 mΩ。这些材料在清洁、干燥的可控环境下都是很好的绝缘材料。

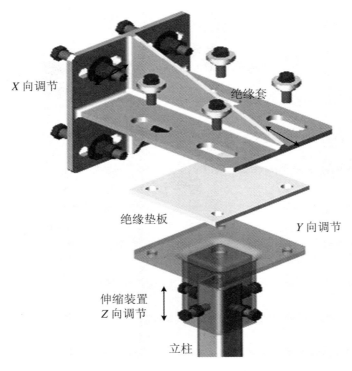

图 6.9 门体上部绝缘

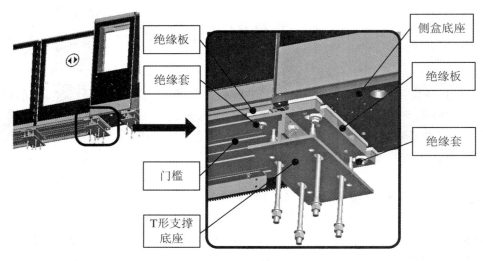

图 6.10 门体下部绝缘

6.4.2 站台绝缘层

站台绝缘层是敷设于车站地面石材和垫层中间的一层绝缘垫,如图 6.11 所示。

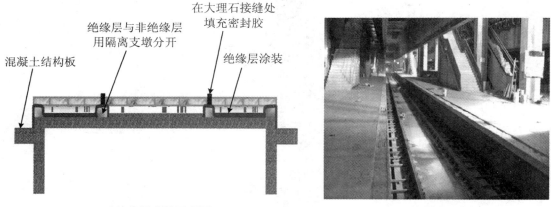

(1) 绝缘层安装示意图　　　　　　(2) 绝缘层现场图

图 6.11 站台绝缘层

绝缘层安装完成后须具备如下功能:
① 站台绝缘层工程完工后,实测绝缘电阻≥0.5 MΩ。
② 绝缘层在其寿命期限内绝缘性能不降低,寿命不低于 25 年。
③ 站台板绝缘层满足车站站台承载要求。
④ 站台绝缘层与站台坡度保持一致。
⑤ 绝缘层与墙面、门槛、花岗岩边以及其他非绝缘地面间接口美观、可靠。

6.4.3 门体等电位

《地铁设计规范》(GB 50157—2013)要求:"屏蔽门与列车车厢宜保持等电位,当与钢轨有连接需求时,等电位要求应符合下列规定:① 屏蔽门与钢轨应采用单点等电位连接,门体与钢轨连接等电位电阻值不应大于 $0.4\ \Omega$;② 正常情况下人体可触及的屏蔽门金属构件应与车站结构绝缘,门体与车站结构之间的绝缘电阻不应小于 $0.5\ M\Omega$。"

《城市轨道交通站台屏蔽门系统技术规范》(CJJ 183—2012)要求:"当采用钢轨作回流轨时,屏蔽门应与钢轨进行等电位连接,等电位连接应符合下列规定:正常情况下人体可触及的屏蔽门金属构件应与土建结构绝缘,单侧屏蔽门体与车站土建结构之间的绝缘电阻在 DC 500 V 下不应小于 $0.5\ M\Omega$。"

地铁列车一般采用直流牵引供电系统,通过接触网与列车受电弓接触供电,并把钢轨(其中一根)作为回流轨,形成电流回路。因为钢轨与大地是绝缘的,所以钢轨与大地之间可能存在电位差,我们称之为轨电位。同样,列车的外体也与大地之间存在电位差,如图 6.12 所示。为减少轨电位危害,在钢轨与大地之间设置 0 V 柜即轨电位限制装置,钢轨通过 0 V 柜与接地母排相连,当钢轨电位超过设定值时,电位限制装置动作(0 V 柜合闸),将钢轨与地网接通,使轨电位降低至限定范围。

由于屏蔽门安装在站台边缘,与列车车体之间的距离很近,乘客上下车时极有可能同时接触到列车车体外壳和屏蔽门门体。因为车体带电,可能产生电位差,给上下车的乘客带来危险,如图 6.13 所示。为了消除这一隐患,有两种方法:一是长期闭合 0 V 柜,限制轨电位;二是将屏蔽门与回流轨等电位连接,使两者具有相同的电位。由于长期闭合 0 V 柜会造成杂散电流危害,实际应用中主要采用等电位连接消除电位差。

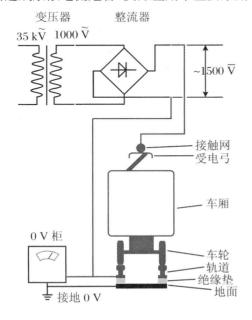

图 6.12 列车直流牵引供电示意图

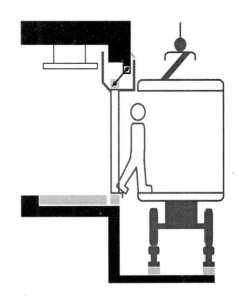

图 6.13 乘客乘车示意图

屏蔽门与列车之间存在电位差,为确保乘客和工作人员的安全,可在屏蔽门与车辆之间设计及安装等电位装置,采用铜芯电缆与钢轨相互连接消除电位差;整个屏蔽门门体保持等电位连接;通过等电位铜排以及等电位导线将屏蔽门的各金属部件相连,满足等电位的要求。需要注意的是,屏蔽门门体与钢轨作等电位连接需要以屏蔽门(以及站台地板)绝缘为前提条件。

6.4.4 门槛绝缘

地铁站台屏蔽门门槛是乘客或司乘人员直接接触最多的位置,因此屏蔽门门槛绝缘性能的好坏是影响运营安全的关键因素。地铁站台屏蔽门门槛绝缘一般有两种方式:一种是采用特制的绝缘门槛,另一种是将门槛做绝缘处理。

1. 绝缘门槛

绝缘门槛包括由高分子复合材料构成的门槛型材、不锈钢或铝合金的门槛面板。门槛面板采用C型设计,表面有防滑槽,相对两侧有翻边,门槛型材上表面相应地设有门槛面板镶嵌槽,门槛面板通过翻边镶嵌粘接在门槛型材上表面的门槛面板镶嵌槽内,或是通过门槛面板上预先焊接的储能焊接螺柱插入门槛型材已经加工出来的圆孔内,并采用内部固定,将门槛面板与门槛型材连为一体,如图6.14所示。

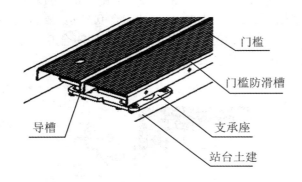
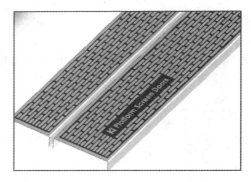

图6.14 绝缘门槛

这种门槛绝缘技术绝缘效果好,安全可靠,可以在不改变门槛设计高度的前提下直接选用绝缘门槛型材替代原门槛骨架,对屏蔽门下支座在垂直于站台面方向的调节高度无影响,但缺点是成本相对较高。

2. 门槛进行绝缘处理

门槛进行绝缘处理又分为两种:一种是把门槛整体与屏蔽门下支座进行绝缘处理,另一种是把门槛面板与门槛骨架进行绝缘处理。

(1) 门槛与下支座绝缘

门槛与下支座绝缘的绝缘处理方式适用于任何门槛方式。它是在门槛与屏蔽门下支座之间加上绝缘板,在固定螺栓上套上绝缘套,通过绝缘板和绝缘套配合,将门槛与屏蔽门下支座隔离开,实现门槛绝缘的功能。这种门槛的绝缘处理方式很好地解决了采用绝缘门槛成本高的问题,同时又起到了绝缘的效果,是目前地铁项目中使用最为普遍的方式。但它也有一个缺点,就是屏蔽门下支座与门槛之间由于增加了绝缘板的原因,屏蔽门下支座垂直于站台板方向的调节高度有所减小。

(2) 门槛面板与门槛骨架绝缘

这种绝缘处理方式适用于门槛由门槛骨架和门槛面板两部分组成时,但对采用单一的铝型材门槛不适用。它是在门槛面板与门槛骨架之间加上一层聚酯薄膜,将门槛面板与门槛骨架隔离,再在门槛面板上预先焊接的储能焊接螺柱上加上绝缘套,最后通过平垫、弹垫、螺母固定。它利用聚酯薄膜的绝缘功能,且与绝缘套配合,使门槛面板与门槛骨架之间实现绝缘。这种门槛的绝缘处理方式成本最低,不但起到了绝缘的效果,对屏蔽门下支座垂直于站台面方向的调节高度也无影响,但只适用于分离式门槛,因此适用范围小,目前在地铁项目中应用极少。

6.5 门状态指示灯及蜂鸣器

6.5.1 门状态指示灯

每个屏蔽门的上方均设有一个红色的指示灯(DOI),其中全高和封闭式屏蔽门位于顶箱活动盖板上,如图 6.15 所示,半高屏蔽门安装在固定侧盒上(一般有对称的两个),如图 6.16 所示。在开/关屏蔽门的过程中,状态指示灯闪烁并配合蜂鸣器鸣响。

图 6.15 全高安全门状态指示

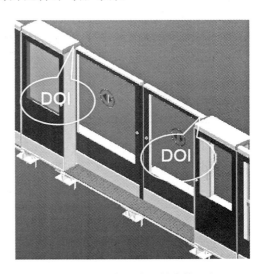

图 6.16 半高安全门状态指示灯

DOI 中不同颜色代表屏蔽门不同运行状态,DOI 一般设置要求如下:

① 屏蔽门系统每一道滑动门都设置门状态指示灯。

② 指示灯的安装位置保证工作人员在无障碍情况下清楚观察,其亮度和颜色保证在强光下清楚可见。

③ 滑动门关闭锁紧时,门状态指示灯熄灭;滑动门开启时,门状态指示灯点亮;在滑动门开启、关闭过程中及故障状态时门状态指示灯闪烁;采用不同的闪烁频率表示故障或正常开启、关闭过程。其亮度满足远距离视觉要求,在站台一端可清晰地观察到另一端屏蔽门系统的门状态指示灯的状态。

以下为某地铁屏蔽门系统 DOI 功能的详细介绍。

滑动门 DOI 采用双色指示灯:黄色 LED 慢频率闪烁用于指示滑动门正常开关门过程;红色 LED 慢频率闪烁用于指示滑动门故障状态;红色 LED 常亮用于指示滑动门处于隔离状态。滑动门 DOI 状态表如表 6.1 所示。

表 6.1 滑动门 DOI 状态表

滑动门状态	门状态指示灯	警报声
关闭且锁紧	熄灭	
开门过程	黄色闪亮	短促
关门过程	黄色闪亮	短促
全开	黄色常亮	
发生故障	红色闪亮	急促
隔离	红色常亮	
手动解锁	黄色常亮	短促

应急门 DOI 采用单色指示灯:黄色 LED 常亮用于指示应急门打开状态。应急门 DOI 状态如表 6.2 所示。

表 6.2 应急门 DOI 状态表

应急门状态	门状态指示灯	警报声
关闭且锁紧	熄灭	
打开状态	黄色常亮	短促

端门 DOI 采用单色指示灯:黄色 LED 常亮用于指示端门打开状态。30 s 后黄色 LED 变为慢频率闪烁。端门 DOI 状态表如表 6.3 所示。

表 6.3 端门 DOI 状态表

端门状态	门状态指示灯	警报声
关闭且锁紧	熄灭	
打开状态	黄色常亮	
端门打开 30 s 后的状态	黄色闪亮	短促

6.5.2 蜂鸣器

蜂鸣器用来提示屏蔽门开关状态并针对屏蔽门运行情况报警,如图 6.17 所示。在每个滑动门的上方均设有一个蜂鸣器,当蜂鸣器鸣响时,表示已发出开/关门指令,相应的屏蔽门正在运动流程中;当屏蔽门完全关好后蜂鸣器停止鸣响;若手动解锁屏蔽门,蜂鸣器持续鸣响,一分钟左右停止鸣响。蜂鸣器按照有无电源方式可分为有源蜂鸣器和无源蜂鸣器;按照工作方式可分为压电式蜂鸣器和电磁式蜂鸣器。

图 6.17 蜂鸣器

1. 压电式蜂鸣器

压电式蜂鸣器主要由多谐振荡器、压电蜂鸣片、阻抗匹配器及共鸣箱、外壳等组成。有的压电式蜂鸣器外壳上还装有发光二极管。

多谐振荡器由晶体管或集成电路构成。当接通电源后(1.5—15 V 直流工作电压),多谐振荡器起振,输出 1.5—2.5 kHz 的音频信号,阻抗匹配器推动压电蜂鸣片发声。

压电蜂鸣片由锆钛酸铅或铌镁酸铅压电陶瓷材料制成。在陶瓷片的两面镀上银电极,经极化和老化处理后,再与黄铜片或不锈钢片黏在一起。

2. 电磁式蜂鸣器

电磁式蜂鸣器由振荡器、电磁线圈、磁铁、振动膜片及外壳等组成。接通电源后,振荡器产生的音频信号电流通过电磁线圈,使电磁线圈产生磁场。振动膜片在电磁线圈和磁铁的相互作用下,周期性地振动发声。

技 术 训 练

1. 简述瞭望灯带的功能和作用。
2. 简述激光探测装置的工作原理及功能。
3. 简述门体等电位连接作用。
4. 简述 DOI 的功能。

第 7 章 城市轨道交通屏蔽门设备接口

7.1 屏蔽门系统与信号系统接口

在城市轨道交通车站正常运营时,屏蔽门系统与信号系统处于联动状态。

当列车进站,信号系统确认列车停在允许范围内时,向 PSD 系统发出开门命令,PSD 系统收到开门命令后,完成 PSD 开门动作。

当列车离站时,信号系统向 PSD 系统发出关门命令,PSD 系统收到关门命令后,完成关门动作。

当所有滑动门都关闭且锁紧时,PSD 系统向信号系统发出锁闭信号,若其中一个单元没有锁闭则不能发出锁闭信号。信号系统收到 PSD 系统锁闭信号后,允许列车发车,若未接收到屏蔽门闭锁状态信号,则不允许列车驶入或驶出站台区域,已接近站台的车辆将实行紧急制动。

当 PSD 系统出现故障时,为保证运营,通过解除 PSD 系统与信号系统的互锁使列车能够正常发车,PSD 系统向信号系统发出"滑动门/应急门"互锁解除信号,信号系统接收到互锁解除信号后,解除信号系统对 PSD 系统的状态检查和互锁关系。

当列车进站,信号系统确认列车停在允许范围内时,向屏蔽门系统系统发出开门命令。下面以某地铁屏蔽门系统与信号系统接口进行介绍。

7.1.1 接口位置

屏蔽门系统与信号系统接口在屏蔽门设备接口端子盘上,如图 7.1 所示。

7.1.2 接口内容

① 屏蔽门系统为每侧屏蔽门提供一组与信号系统连接的接口。
② 信号系统发出的开/关门信号应是安全信号。
③ 屏蔽门系统向信号系统反馈所有屏蔽门系统关闭且锁紧信号。
④ 屏蔽门系统发出的"滑动门/应急门互锁解除"信号,一直保持至故障修复为止。
⑤ 各站屏蔽门系统与信号系统的设备接口、接口电路和接口电源应考虑接口距离的影响所造成的电缆截面积、电阻及压降的变化。

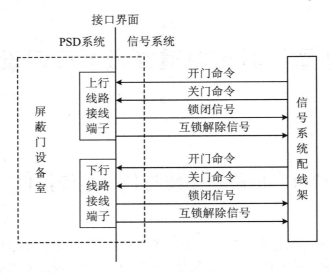

图 7.1　屏蔽门系统与信号系统接口位置

7.1.3　接口功能

屏蔽门系统与信号系统接口功能如表 7.1 所示。

表 7.1　屏蔽门系统与信号系统接口功能表

内容	信号名称	信号方向	信号系统功能	屏蔽门系统功能
屏蔽门系统与信号系统	开门命令（持续信号）	信号系统→屏蔽门系统	负责将开门命令传送给屏蔽门系统	收到开门命令后,由屏蔽门系统完成相应屏蔽门开门动作
	关门命令（持续信号）	信号系统→屏蔽门系统	关闭列车车门时,负责将关门命令传送给屏蔽门系统	收到关门命令后,由屏蔽门系统完成屏蔽门系统关门动作
	所有门关闭且锁紧（持续信号）	屏蔽门系统→信号系统	接收到屏蔽门闭锁状态信号,信号系统将允许发车。若未接收到屏蔽门闭锁状态信号,则不允许列车驶入或驶出站台区域,已接近站台的车辆将实行紧急制动	当所有屏蔽门系统锁闭时反馈闭锁信息给信号系统,若有其中一个单元没有锁闭,则不能给出闭锁信息
	"滑动门/应急门"互锁解除	屏蔽门系统→信号系统	收到"滑动门/应急门"互锁解除信号后,解除信号系统对屏蔽门系统锁闭状态的检查和互锁关系,信号系统将允许发车	当屏蔽门系统故障时,为保证运营,通过解除与信号系统的互锁来使列车正常发车

7.1.4 接口原理

1. 信号联动原理

屏蔽门系统提供双路继电器控制回路,电源由屏蔽门系统提供,串入信号系统提供无源干接点,当信号系统的无源干接点闭合,驱动屏蔽门系统的继电器线圈吸合,触点闭合,发出相应的控制指令给 PEDC,经 PEDC 内部的安全继电器逻辑处理后,输出到 DCU,控制 DCU 进行相关动作。所有在该功能中传递命令的继电器均采用安全型继电器,如图 7.2 所示。

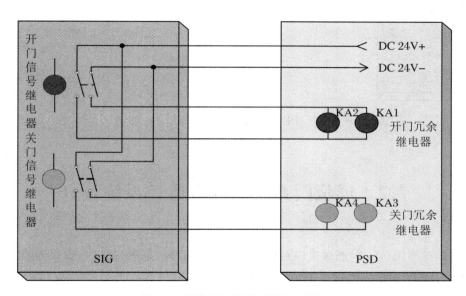

图 7.2 屏蔽门与信号系统接口原理

2. 安全回路原理

屏蔽门系统安全回路是判断屏蔽门故障的电路,当安全回路断开时,屏蔽门系统与信号系统联动。在安全回路中,当信号系统的无源干接点闭合,屏蔽门的继电器线圈吸合,触点闭合,发出相应的控制指令给 PEDC,经 PEDC 内部的安全继电器逻辑处理后,输出到 DCU,控制 DCU 进行相关动作。

屏蔽门提供双路无源安全继电器的无源干接点,串入信号系统内部的锁闭控制回路,当一侧的 ASD/EED 关闭且锁紧信号有效,继电器吸合,使提供给信号系统的无源干接点闭合,驱动信号系统内部继电器,信号系统得到相应的有效 PSD 安全回路信号。信号系统内部继电器驱动电源由信号系统自身提供,安全回路原理图如图 7.3 所示。

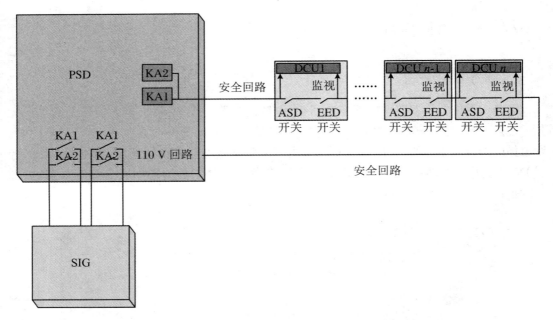

图 7.3 安全回路原理图

7.2 屏蔽门系统与综合监控系统接口

综合监控系统(ISCS)通过接口对屏蔽门系统(PSD)状态进行监控,确保屏蔽门出现故障后能及时进行反馈和维护。下面以某地铁屏蔽门系统与综合监控系统接口为例进行介绍。

7.2.1 接口位置

屏蔽门系统与综合监控系统接口位置如图 7.4 所示。
屏蔽门系统与综合监控系统接口内容:
① ISCS 提供两个系统间通信所需的电缆。
② 两个系统间传输信号电缆由 ISCS 负责敷设;ISCS 将该线缆引至屏蔽门控制室 PSD 的 PSC 接口端子处,并预留 5 m 长的裕量。
③ 在车站,PSD 为 ISCS 提供 2 路隔离的多模光口或以太网 RJ45 接口,1 主 1 备,接口分界处在屏蔽门系统控制器通信接口端子排外侧。屏蔽门系统优先为 ISCS 提供光口,如提供不了光口,提供 ISCS 所需光电转换装置的 UPS 电源及安装位置。
④ 两个系统间的传输信号电缆,在屏蔽门系统中央控制盘的接口端子上的接线由屏蔽门系统负责,ISCS 负责配合。

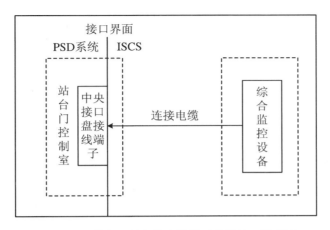

图 7.4　屏蔽门系统与综合监控系统的接口示意图

⑤ ISCS 向屏蔽门系统提供二级母钟对时信号（软件对时），屏蔽门系统根据接口技术要求进行时钟的更新。

⑥ 屏蔽门系统须对每个车站中所有门单元中的相关信息进行集成，在集成后的信息中应能够识别到具体的门单元。

⑦ 屏蔽门系统负责将车站所有 PSD 控制子系统的有关信息按约定的通信方式进行传输。

7.2.2　接口功能

① PSD 按约定好的数据格式，提供设备故障信息、设备运行状态。

② ISCS 至少要每隔 500 ms 对 ISCS 与 PSD 间的通道进行检测。

③ ISCS 负责对 PSD 的运营进行统计并生成报表，PSD 须提供相关数据。

④ 回应 ISCS 对 PSD 与 ISCS 之间的通道检测；配合 ISCS 进行相互之间通信软件的调试，保证相互之间通信的正确、可靠，如图 7.5 所示。

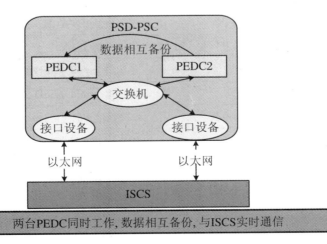

图 7.5　PSD 与 ISCS 通信

⑤ PSD 的运行状态可以在 ISCS 的显示终端进行显示。

⑥ 向 ISCS 提供故障报警信息,可实施故障查询和记录。屏蔽门系统与综合监控系统接口功能信息分类表见表 7.2。

表 7.2　屏蔽门系统与综合监控系统接口功能信息分类表

类别		实现的功能	说明	备注
故障信息	1	单侧站台 ASD/EED 关门故障	门单元在设定时间内未关闭	每个门单元
	2	单侧站台 ASD/EED 开门故障	门单元在设定时间内未打开	每个门单元
	3	门处于手动/旁路报警	门处于手动/隔离状态	每个门单元
	4	主电源故障报警	电源双切换箱供电出现故障	每个车站
	5	驱动电源故障报警	驱动电源出现故障	每个车站
	6	控制电源故障报警	控制电源出现故障	每个车站
	7	控制系统故障报警	单侧站台的 PEDC 出现故障	每侧站台
	8	现场总线故障报警	PSC 中的主监视系统出现故障	每侧站台
	9	端门未锁紧报警	在一定时间内(暂定 30 s),端门未锁紧	每扇端门
	10	ASD/EED 互锁解除报警	单侧站台 ASD/EED 处于"互锁解除"状态	每侧站台
	11	每个 DCU 故障报警	站台上有 DCU 出现故障	每个门单元
	12	每个电机故障报警	站台上有电机出现故障	每个门单元
	13	应急门打开状态报警	每侧站台上有应急门处于打开状态	每扇应急门
	14	门单元(左、右)锁闭检测开关故障报警	门单元(左、右)锁闭检测开关故障	每个门单元
	15	应急门检测开关故障报警	应急门检测开关故障	每扇应急门
	16	端门检测开关故障报警	端门检测开关故障	每扇端门
	17	门单元解锁故障报警	门单元解锁故障	每个门单元
状态信息	1	ASD/EED 开门状态	显示单个 ASD/EED 开门状态	每个门单元
	2	ASD/EED 关门状态	显示单个 ASD/EED 关门状态	每个门单元
	3	每个门单元的控制模式状态	每个门单元的隔离、手动、自动状态	每个门单元
	4	PSL 操作允许	PSL 的操作允许开关置"PSL 操作允许"位	每侧站台
	5	每侧站台的 PSL 开门命令触发	每侧站台 PSL 的每次开门命令成功触发	每侧站台
	6	每侧站台的 PSL 关门命令触发	每侧站台 PSL 的每次关门命令成功触发	每侧站台

续表

类别		实现的功能	说明	备注
状态信息	7	应急模式下屏蔽门应急开门命令触发	ISCS 的每侧站台操作允许开关置"操作允许"位	每侧站台
	8	MSD 开门状态	显示每个 MSD 开门状态	每扇端门
	9	信号系统开门操作	每侧站台信号系统开门命令成功触发	
	10	信号系统关门操作	每侧站台信号系统关门命令成功触发	
运营报表	1	可对每个门单元进行运营报表统计	可按月、季度(或门的编号)对每个门单元进行运营统计和查询(故障时间、次数等)	

7.2.3 IBP 接口

1. 接口位置

PSD 与 IBP 接口位置在 IBP 上,如图 7.6 所示。

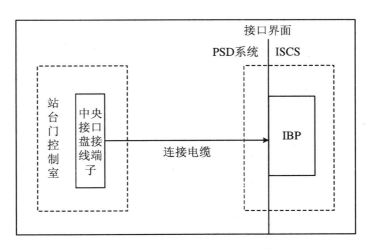

图 7.6 屏蔽门系统与 IBP 接口示意图

2. 接口功能

① 由 ISCS 为 PSD 在各车站控制室 IBP 上安装指示灯和紧急开门按钮(每侧站台 2 个),供车站控制室值班员在紧急情况下打开 PSD 使用。

② PSD 至 IBP 指示灯和紧急按钮用线缆敷设,紧急打开 PSD 的功能由综合监控系统负责。按钮和指示灯电源由 PSD 负责。

③ 指示灯和紧急按钮由 ISCS 专业统一提供,并为 PSD 系统预留指示灯和按钮接线端子;由 PSD 专业向 ISCS 专业提供指示灯和紧急按钮的数量、安装空间大小、功能等要求,并协助 ISCS 专业。

④ 室内 IBP 上为 PSD 的指示灯、紧急开门按钮预留安装空间,并为 PSD 预留按钮接线端子。

⑤ 该紧急开门按钮的接线由 PSD 专业安装,由 ISCS 专业协助。

7.3　屏蔽门系统与低压配电系统接口

7.3.1　接口位置

屏蔽门系统与低压配电系统接口位于屏蔽双切电源箱上,如图 7.7 所示。

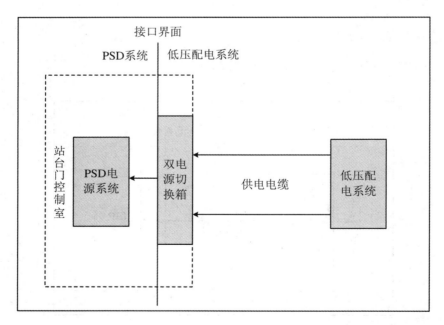

图 7.7　屏蔽门系统与低压配电系统接口界面

7.3.2　接口功能

① PSD 提供并安装屏蔽门控制室内双电源切换箱至屏蔽门系统的电缆及接线。

② 动力供电系统向屏蔽门系统提供两路独立三相五线制 380 V 电源,负荷等级为一级,电压波动范围为额定值的 ±10%。

③ 动力供电系统负责提供屏蔽门控制室内双电源切换箱。
④ 低压配电系统在设备控制室内预留屏蔽门接地线,接地电阻≤1 Ω。

7.4 屏蔽门系统与土建专业接口

屏蔽门系统与土建专业接口位置主要在站台顶梁、站台板边缘、端门、站台板绝缘带及装修面处。

7.4.1 站台顶梁接口

① 在站台顶梁的设计中,土建专业考虑 PSD 安装垂直负载和水平负载;站台顶梁上无任何孔洞及其他预埋件。
② PSD 在站台上的安装,上部与车站站台顶梁相连接;屏蔽门专业设计上部固定件的数量及形式,上部以垂直伸缩结构形式与顶梁侧面连接。PSD 的设计应满足上述受力要求。
③ 屏蔽门专业负责上部所有与站台顶梁相连接部件的设计,并负责供货和安装。

7.4.2 站台板边缘

① 站台板边缘安装屏蔽门的位置由土建专业预留,并考虑站台预留槽口层高存在土建施工误差的可能,屏蔽门的底部支撑结构根据现场实测的尺寸进行生产和安装。
② 站台板边缘预留的安装位置无任何预留孔洞及预埋件,但在设计中土建专业应考虑 PSD 安装垂直负载和水平负载。
③ PSD 在站台上安装时下部与站台板边缘固定,由屏蔽门专业设计下部固定件的固定数量及形式。PSD 的设计应满足上述受力要求。
④ 屏蔽门专业负责下部所有与站台板边缘相连接部件的设计、供货和安装。
⑤ PSD 的结构应具备三维方向可调节的功能,以满足土建公差要求。

7.4.3 屏蔽门端门接口

① 端门单元上部未预留土建结构顶梁,在站台靠轨道处设置有垂直方向的构造柱,屏蔽门专业提供端门设计方案并进行安装。
② 端门的安装及选用材料同轨道侧屏蔽门的相关要求。
③ 屏蔽门专业负责端门门体与构造柱之间的绝缘及封堵。

7.4.4 站台板绝缘带及装修面处接口

① 车站站台板装修面存在 2‰ 的坡度，屏蔽门专业负责 PSD 应急门和端门活动门向站台方向平推顺利完全打开。

② 车站站台板面排水方式为从 PSD 固定门和应急门门扇下门缝向轨道排水；屏蔽门专业负责该 PSD 门体设计并考虑此排水措施，该缝隙宽度为 10 mm。

③ 屏蔽门专业负责站台绝缘层的敷设，车站装修专业负责站台地面敷设，站台地面与 PSD 之间的收口工作由屏蔽门专业负责。

7.5 屏蔽门系统与轨道专业接口

① 屏蔽门系统负责提供屏蔽门门体与轨道的连接要求、连接用的专用电缆和专用螺栓，并负责进行轨道打孔。

② 轨道专业负责审核连接要求并配合轨道打孔，实现屏蔽门门体与轨道等电位。

③ 屏蔽门的高程尺寸以轨顶面为基准，屏蔽门的限界尺寸以轨道中心线为基准，屏蔽门在沿轨道长度方向的尺寸以站台中心线为基准，并有如下要求：

a. 在高程尺寸上，装修完成面与轨顶面的高度为 1050 mm。鉴于轨顶面在沿站台长度方向有高低不一的实际状况，屏蔽门的高程基准统一取站台中心线位置、靠近站台侧轨道的轨顶面为高程基准，基准位置如图 7.8 所示。轨道专业须保持站台中心线位置、靠近站台侧轨道的轨顶面位置精确、稳定，以免该轨顶面位置多变，影响屏蔽门的高程位置。

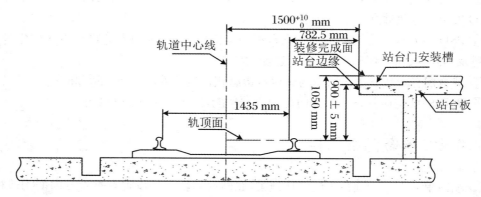

图 7.8　轨道与屏蔽门位置剖面示意图

b. 在限界尺寸方向，屏蔽门的限界尺寸以轨道中心线为基准，施工时以靠近站台侧轨道的侧面为限界基准，基准位置如图 7.8 所示。轨道专业须保持靠近站台侧轨道位置精确、稳定，以免该侧轨道位置多变，影响屏蔽门的限界位置。

c. 在沿轨道长度方向，屏蔽门的中心基准以站台中心线为基准，轨道在站台位置的中心基准也应兼顾考虑以站台中心线为基准,以便保持基准统一。

d. 鉴于屏蔽门在高程方向、限界方向都以靠近站台侧轨道的轨顶面及轨道侧面为基准,要求轨道专业须保持靠近站台侧轨道位置精确、稳定,在后续多次调线调坡时保持靠近站台侧轨道的位置不变(作为调整的基准),调整远离站台侧的轨道。

④ 屏蔽门与轨道有等电位连接的接口关系,有如下要求:

a. 屏蔽门与轨道进行等电位连接,连接电阻须小于 $1\,\Omega$。

b. 轨道专业应在各站屏蔽门车头部位、靠近站台侧的轨道上打孔,孔的规格根据等电位接线端子的规格及轨道专业的相关规定确定。

c. 轨道专业提供与接线端子规格相匹配的轨道专用胀钉。

技 术 训 练

1. 简述屏蔽门系统与信号系统接口内容。
2. 简述屏蔽门系统与综合监控系统接口内容。
3. 简述屏蔽门系统与低压配电系统接口内容。
4. 简述屏蔽门系统与土建专业接口内容。
5. 简述屏蔽门系统与轨道专业接口内容。

第 2 篇　应　用　篇

第8章　城市轨道交通屏蔽门设备规范

8.1　地铁设计规范

屏蔽门系统设计过程中须满足最新地铁设计相关规范。目前我国最新的地铁设计规范为住房城乡建设部发布的国家标准《地铁设计规范》(GB 50157—2013)，自2014年3月1日起实施。

8.1.1　一般规定

① 关于屏蔽门的类型，有的地铁工程配合通风空调系统的需要，将高屏蔽门顶箱上部的固定面板设置为开闭式结构时，也可称作封闭/非封闭转换式屏蔽门。

② 屏蔽门的安装应满足限界的要求，并在设计荷载作用最不利条件下也不得侵入车辆限界。

③ "屏蔽门不得作为防火隔离装置"的原因是，传统屏蔽门体材质采用普通安全玻璃和钢材，门扇采用隐框结构，门框和玻璃之间采用密封胶粘接，并设置有橡胶和毛刷，因此不具备作为防火隔离设施的条件。

④ 屏蔽门系统中的绝缘地板，滑动门上的防夹胶条，屏蔽门上下部的绝缘材料，门体上的密封胶条或密封胶、电缆及其他非金属材料应采用无卤、低烟且不含放射性的阻燃材料，以避免在火灾情况下产生有害气体，对乘客造成更大的伤害。

8.1.2　主要技术指标

"屏蔽门噪声峰值不应超过70 dB(A)"的测试条件和标准：离开屏蔽门门体1 m，高度1.5 m(低屏蔽门在距离地面0.5 m)处，在高屏蔽门门体顶箱/低屏蔽门固定侧盒盖板面板关闭情况下，所测试的噪音目标值应≤70 dB(A)。

8.1.3　布置与结构

① 为保证地铁乘客候车及上下车的安全，高屏蔽门开门高度必须大于车辆门的高度，通常列车车门有效高度为1800—1900 mm，车内地板面比站台面高30—50 mm，考虑乘客

上下车过程中不碰头,高屏蔽门滑动门有效开门净高不小于 2 m,应急门和端门与之保持一致。低屏蔽门为下部支撑结构,其高度受限制,综合考虑乘客安全及身高情况,其最低高度不得小于 1.2 m。

② 应急门的设置数量可依据目前国内地铁线路屏蔽门系统的设置情况考虑确定。从安全性和快速疏散角度考虑,应急门的设置数量宜对应每辆车各设置几道,以便乘客在需要通过应急门进出列车车厢的时候可以更加便捷,可以减少在车内行走的距离从而快速离开车厢。

8.1.4 运行与控制

屏蔽门的状态及故障信息应通过屏蔽门与综合监控(或环境与设备监控)系统的接口上传至本站车站控制室,由本站上传至控制中心的功能则由综合监控(或环境与设备监控)系统实现。

8.1.5 供电与接地

① 屏蔽门为到站列车提供乘客进出站台的通道,其电源应为一级负荷,以提高屏蔽门系统运行的可靠性。站台驱动电源为门控单元和门机供电,控制电源为中央控制盘、综合后备盘、接口继电器等供电,分开设置便于减小相互间的干扰和影响,比如驱动电源故障后,控制电源还可保证中央控制盘等设备继续运行,进行数据查询等。从整个屏蔽门系统的运营属性来说,驱动电源故障后,屏蔽门停止运行,控制电源有无作用不大,因此根据工程考虑也可将驱动电源、控制电源合并设置。

② 为保证屏蔽门的状态在失电情况下能够监控,保证控制系统后备电源的独立性,控制系统及驱动系统后备电源应分开设置。实际建设时结合工程和实际运营情况,也可考虑在确保后备电源容量足够且相互不干扰的情况下将控制系统及驱动系统后备电源合并设置。

③ 屏蔽门门体与车站间的绝缘电阻值要求为 0.5 MΩ。

④ 当屏蔽门和车站结构间绝缘安装时,应保证通过乘客的电流小于 1 mA。

8.2 屏蔽门系统技术规范

屏蔽门安装施工过程中须遵循屏蔽门技术规范。目前我国最新的屏蔽门技术规范为住房城乡建设部发布的行业标准《城市轨道交通站台屏蔽门系统技术规范》(CJJ 183—2012),自 2012 年 12 月 1 日起实施。

8.2.1 基本术语

1. 站台屏蔽门（platform screen door）

设置在站台边缘，将乘客候车区与列车运行区相互隔离，并与列车门相对应、可多级控制开启与关闭滑动门的连续屏障，有全高、半高、密闭和非密闭之分，简称屏蔽门。

2. 应急门（emergency escape door）

当列车门与滑动门不能对齐时，供疏散的门。

3. 端门（platform end door）

设置于屏蔽门两端进出轨行区的门。

4. 门机（door mechanism）

开启与关闭滑动门的机构。

5. 门控器（door control urit）

就地对门机进行控制的控制装置。

6. 就地控制盘（platform screen doors local control panel）

用于控制单侧屏蔽门的控制装置。

7. 中央控制盘（platform screen doors central control panel）

一个车站的屏蔽门控制中心，包括监视设备、单元控制器。

8. 就地控制盒（local control box）

就地控制单樘滑动门的控制装置。

9. 紧急控制盘（platform screen doors emergency control panel）

紧急情况下控制单侧屏蔽门的装置。

10. 推杆锁（push bar lock）

在轨道侧直接手动打开应急门，在设备区直接手动打开端门的装置。

8.2.2 屏蔽门系统设计

1. 一般规定

① 在设计载荷的作用下,门体结构应符合限界的规定。
② 屏蔽门系统的设计应遵循可靠性、可用性、可维护性和安全性的原则。
③ 屏蔽门系统应符合电磁兼容性要求。
④ 屏蔽门系统的设置方式、控制模式宜与土建、信号和通风空调等系统相结合。
⑤ 屏蔽门门体不应作为防火隔离设施。
⑥ 车站站台屏蔽门区域不宜设置土建结构变形缝。
⑦ 屏蔽门结构在跨越变形缝时应做特殊设计。
⑧ 在正确使用和正常维护的条件下,门体结构设计寿命不应小于 30 年。
⑨ 在正常运营条件下,屏蔽门的故障不应造成滑动门自动打开。
⑩ 屏蔽门系统的运行强度应按每天运行 20 h、每 90 s 开关 1 次进行设计,应能常年连续运行。
⑪ 屏蔽门应设置在车站有效站台长度范围内,以有效站台中心线为基准向两端布置。屏蔽门门体部件在任何运动状态下不应超出单侧站台屏蔽门纵向设计范围。
⑫ 屏蔽门系统应符合列车编组及运营模式的需要。

2. 设计要求

① 滑动门的开关门时间应与列车客室门的开关门时间相匹配,且应为可调参数。
② 阻止滑动门关闭的力不应大于 150 N(1/3 行程后测量)。
③ 每扇滑动门最大动能不应大于 10 J。
④ 屏蔽门运行噪声的峰值不应大于 70 dB(A)。
⑤ 滑动门、应急门和端门的手动解锁力不应大于 67 N。
⑥ 解锁后手动开启单扇滑动门的动作力不应大于 133 N。
⑦ 屏蔽门系统的平均无故障次数不应小于 60 万个周期。
⑧ 安装在非封闭式的地面车站或高架车站的屏蔽门,其设计风压可按当地气候条件取值。屏蔽门门体结构在风载荷、人群载荷、撞击载荷等最不利载荷效应组合的情况下,门体弹性变形应符合工程限界要求,门体结构不应出现永久变形。
⑨ 屏蔽门可在 10—1000 Hz 的振动频率范围内正常工作。
⑩ 中央控制盘在接收到开关门命令至滑动门动作的时间不应大于 0.3 s。

8.2.3 屏蔽门系统基本构成

1. 门体结构

① 门体结构主要包括滑动门、应急门、端门、固定门、顶箱、门槛、上部支撑结构(全高

屏蔽门)和固定侧盒(半高屏蔽门)。

② 滑动门与列车客室门在位置和数量上均应对应。

③ 滑动门的净开度应根据列车的停车精度而定,不应小于列车客室门的净开度。端门的活动门的最小净开度不应小于 900 mm。

④ 全高屏蔽门的滑动门、应急门、端门和活动门的净高度不应小于 2.0 m,半高屏蔽门的所有门体高度不应小于 1.2 m。

⑤ 单侧站台的应急门设置数量不应少于两处,站台每端至少应设置一处。

⑥ 滑动门、应急门和端门必须能可靠关闭且锁紧,在站台侧必须能使用专用钥匙开启,在非站台侧必须能手动开启。

⑦ 门体可由框架和玻璃面板等部件组成。框架外包材料宜采用不锈钢或铝合金等金属材料制成;玻璃面板应选用通透性好、强度高的安全玻璃,并应符合现行国家标准《建筑用安全玻璃　第 2 部分:钢化玻璃》(GB 15763.2)的要求。玻璃应进行均质处理。

⑧ 屏蔽门与车站土建结构的连接部分应具有三维调节功能,使屏蔽门安装后能适应车站土建结构出现的不均匀沉降。

⑨ 屏蔽门系统在站台侧应能方便更换及维修。

⑩ 端门开启后在小于 90°时自动关闭,在不小于 90°时应在 90°保持定位。

2. 门机

① 滑动门驱动电机的功率应保证滑动门在设计载荷作用下可正常开关。驱动电机的绝缘等级应为 F,防护等级不应小于 IP54。

② 传动机构宜采用皮带传动、螺旋副传动或齿轮副传动。

③ 当环境温度在 25 ℃时,传动机构的运行最高温升不得超过 60 K。

④ 门机内零部件的安装应有防松和减震措施,且应能在站台侧方便更换、调整及维修。

⑤ 屏蔽门系统内各电气部件的防护等级应满足现场环境的使用要求。

⑥ 门机的设计寿命不应小于 10 年。

3. 监控系统

① 监控系统应由中央控制盘、就地控制盘、门机控制器、局域网和接口模块组成。

② 屏蔽门系统的控制优先权从低到高排列,宜分为下列 5 级:

a. 信号系统对屏蔽门进行开关控制。

b. 就地控制盘对屏蔽门进行开关控制。

c. 紧急控制盘对屏蔽门进行开关控制。

d. 就地控制盒对屏蔽门进行开关控制。

e. 站台侧用钥匙或轨道侧用手动解锁装置就地对屏蔽门进行开关控制。

③ 监控系统应以车站为单位进行独立设置,换乘车站的监控系统应以线路为单位进行独立设置。

④ 中央控制盘和接口模块宜布置在屏蔽门设备室内,就地控制盘宜布置在每侧站台列车出站端。

⑤ 屏蔽门系统的控制功能及监视功能宜分开设置，关键命令或信号宜通过继电回路传输，状态及故障信息宜采用总线传输。

⑥ 滑动门应有障碍物探测功能，能探测到大于 5 mm（厚度）×40 mm（宽度）的障碍物。

⑦ 中央控制盘及门机控制器在安装后可在线或离线下载软件，进行参数调整。

⑧ 监控系统的硬件配置应符合下列规定：

a. 中央控制盘应包括每侧站台的逻辑控制单元及车站监视终端。

b. 中央控制盘应对屏蔽门系统的重要状态及报警进行显示。

c. 每侧站台应设不少于一个就地控制盘，其防护等级应达到 IP54 及以上的要求。

d. 就地控制盒应设置自动、手动和隔离三个挡位。

e. 每个门单元应设置门控器，应急门的状态宜通过相邻门单元的门控器进行监视。

f. 中央控制盘应能存储本车站屏蔽门不少于 7 天的信息数据。

⑨ 屏蔽门系统宜与信号系统和主控系统设置接口，并应符合下列规定：

a. 屏蔽门系统应能完全响应信号系统发出的开门、关门信息。

b. 屏蔽门系统应能将门关闭且锁紧信号、滑动门/应急门互锁解除信号发送到信号系统。

c. 屏蔽门系统应能将重要的状态及故障信息上传至综合监控系统。

⑩ 屏蔽门系统网络拓扑结构宜为总线型。

⑪ 屏蔽门系统应用软件的关键参数应可调，应包括电机速度曲线、门体夹紧力阈值、重复开关门延迟时间和重复开关门次数等参数。

⑫ 屏蔽门系统监控软件应对故障和状态信息进行实时监视，应具有故障自动诊断和自动报警的功能。

⑬ 屏蔽门系统应采用通用的、开放的和标准的通信协议。

8.2.4 电源系统及接地

① 屏蔽门系统必须按一级负荷供电，必须设置备用电源。

② 驱动电源和控制电源的供电回路宜相互独立设置。

③ 驱动电源的后备电源容量应符合 30 min 内本站全部滑动门开关 3 次的需要，控制电源的后备电源容量应符合系统满负载持续工作 30 min 的需要。

④ 驱动电源、控制电源与外电源的隔离阻抗不应小于 5 MΩ。

⑤ 配电电缆、控制电缆应采用不同线槽或同槽分室敷设。

⑥ 电缆应采用低烟、无卤、阻燃的电缆，并应符合现行国家标准《低压配电设计规范》（GB 50054—2011）的规定。

⑦ 屏蔽门设备室内的设备接地应符合现行国家标准《系统接地的型式及安全技术要求》（GB 14050—2008）的规定。

⑧ 当采用钢轨作回流轨时，屏蔽门应与钢轨进行等电位连接，等电位连接应符合下列规定：

a. 正常情况下人体可触及的屏蔽门金属构件应与土建结构绝缘，单侧屏蔽门本与车站土建结构之间的绝缘电阻在 DC 500 V 下不应小于 0.5 MΩ。

b. 在屏蔽门站台侧、端门内外的地面应设置距离门体不小于 900 mm 的绝缘区域；在端门内外两侧墙面高 2 m 范围内应设置距离门体不小于 900 mm 的绝缘区域。

⑨ 当钢轨不作回流轨时，屏蔽门应通过接地端子连接车站的接地网。

⑩ 屏蔽门系统在站台区域的不带电外露金属部分应进行等电位连接，单侧站台屏蔽门整体电阻值不应大于 0.42 Ω。

8.2.5　日常运行使用

① 屏蔽门日常运行使用包括日常操作、巡视、紧急情况下操作和故障应急处理。

② 应根据各种运营模式下的工况合理选用屏蔽门的控制方式。

③ 当屏蔽门发生故障时，应按先通车后修复故障原则处理。

④ 运营部门应建立屏蔽门系统日常巡视机制，并应符合下列规定：

a. 日常使用巡视：应对屏蔽门系统的日常直观状态进行实时监视、状态确认及故障报修，每日运营前对屏蔽门进入正常运行状态进行确认。

b. 设备运行巡视：应通过观察设备运行特征，发现异常状态、故障信息时，及时恢复正常，以免故障后再维修。

8.2.6　维护与保养

宜对屏蔽门各组成部分有计划地进行检修，包括巡视、半月检、月检、季检、半年检、年检、五年检等周期检修内容。

1. 日常巡视

(1) 门体结构

① 检查门体玻璃、门槛、盖板、装饰板、胶条和毛刷的外观。

② 清洁滑动门门槛导靴。

③ 检查顶箱或固定侧盒指示灯状态。

④ 检查滑动门、应急门、端门开关状态。

⑤ 检查灯带照明状态。

(2) 电源系统

① 检查电源柜的电压与电流状态。

② 检查驱动电源的外观、进线电压、输出电压、运行状态、电池组串联电压、电池温升、散热风扇工作状况。

③ 检查控制电源的外观、进线电压、输出电压、运行状态、指示灯、环境温度、电源/电池/主机负载状态、电池组串联电压、电池温升、散热风扇工作情况。

(3) 监控系统

① 检查中央控制盘工作指示灯状态、机柜内温度。

② 查看监控系统报警信息。

③ 检查屏蔽门设备室的温度、湿度等环境因素。

2. 半月检

① 清洁门机导轨,检查并紧固顶箱或固定侧盒内接线端子。
② 检查电源系统电源柜供电单元电源参数,并检查各组件外观、温升、连接及固定情况。清洁电源柜。
③ 对于监控系统:
a. 检查中央控制盘内元器件外观及工作状态。
b. 清洁控制柜。
c. 检查就地控制盘指示灯及开关工作状态。
d. 检查监控软件及其时钟信息。

3. 月检

(1) 门体
① 检查滑动门、应急门、端门的手动解锁装置是否灵活、操作可靠。
② 检查端门闭门器及应急门定位器。
③ 检查门体玻璃外观、胶条和毛刷安装紧固状况。

(2) 门机
① 检查电机及齿轮箱、传动装置、门锁机构安装紧固状况。
② 检查滑动门锁紧装置及其检测开关安装紧固状况。
③ 检查门机电源模块、顶箱或固定侧盒控制变压器等供电部件安装紧固、输入输出值。
④ 检查顶箱或固定侧盒指示灯安装紧固状况。
⑤ 检查障碍物检测功能。
⑥ 清洁顶箱或固定侧盒所有辅助器件。

(3) 监控系统
① 测试中央控制盘指示灯。
② 检查中央控制盘内安全继电器、时间继电器、固态继电器、控制变压器等工作状况。
③ 检查中央控制盘内布线、器件安装状况。
④ 备份监控软件的故障记录、事件记录存档备查。

(4) 就地控制盘
① 对盘内外进行清洁。
② 检查各部件安装紧固、老化等状态。
③ 检查各电线、电缆、半导体元件的连接状态。
④ 检查各钥匙开关、按钮的状态。

(5) 紧急控制盘开关
① 对盘内外进行清洁。

② 检查各部件安装紧固、老化等状态。
③ 检查各电线、电缆、器件的连接状态。
④ 检查各钥匙开关、按钮的状态。
⑤ 测试综合后备盘功能。

此外，还应清洁屏蔽门设备室，检查通风空调设备。

4. 季检

(1) 门机

① 检查皮带张力及连接状况或螺杆螺母（或齿轮齿条）啮合传动及润滑状态。
② 检查门滚轮磨损及转动状况。
③ 检查惰轮、皮带轮转动状况。
④ 检查电线、电缆、接地线、网线的完好及固定情况。

(2) 监控系统

① 检查就地控制盘、综合后备盘功能，并开展逻辑操作检测。
② 检查屏蔽门设备室内的门机线缆、线槽，并对其进行清洁、紧固、防锈处理。
③ 中央控制盘与信号系统接口记录、功能确认检查。
④ 中央控制盘与其他系统通信功能检查。
⑤ 检查并紧固就地控制盘、中央控制盘内部接线。

(3) 电源系统

① 对控制电源、驱动电源的蓄电池进行充放电，并记录放电前后蓄电池的电压。
② 检查电源控制柜接线端口连接状态。
③ 清洁蓄电池外表面。
④ 检查 UPS 蓄电池的温度、声音及是否存在变形、漏液、鼓胀、安全阀开启、接线端及气孔异常。
⑤ 检查蓄电池充电器状态。
⑥ 检查蓄电池与外部接口电缆电线安装状况。
⑦ 检查电源配电箱。

5. 半年检

(1) 门体

① 滑动门运行指标抽查。
② 检查接轨导线是否松动、接地线缆是否老化。
③ 检查滑动门导靴、门槛间隙。
④ 检查顶箱或固定侧盒前、后盖板安装紧固及密封状况。
⑤ 检查限位挡块、螺杆、螺母、轴承、联轴器状态。
⑥ 检查滑动门与吊挂件的连接状态，必要时调整滑动门的对中、垂直及水平位置。

(2) 门机及监控系统

① 检查碳刷磨损及变形程度。

② 检测滑动门(含门控器)的各控制功能。
③ 检查中央控制盘功能,并开展逻辑操作检测。
④ 检查应急门、端门功能。

6. 年检

① 对门体实行以下检查:
a. 检查门扇玻璃、支架和胶条的状态。
b. 检查及清洁下支架。
c. 检查门槛等电位电缆有无松动。
d. 检查门槛支撑件上下绝缘件状态,必要时更换。
e. 对屏蔽门进行绝缘、等电位测试。
② 检查蓄电池容量。
③ 检查轨顶、轨侧线槽安装、固定、锈蚀状态。

7. 五年检

① 检测中央控制盘逻辑控制单元功能及其器件。
② 检查所有紧固件固定及锈蚀情况。
③ 检查变形缝结构。

8.3 屏蔽门系统运营管理规范

屏蔽门系统设置在车站每侧站台的边缘,由与列车车门对应的滑动门、应急门、固定门和端门组成。屏蔽门是新型的城市轨道交通设备,在列车到达车站和离站出发前,该设备能自动进行滑动门的开、关控制。

8.3.1 基本规定

① 屏蔽门应有足够的结构强度和运行可靠性,接地绝缘应等电位连接,后备电源应符合规范要求。运营单位应确保屏蔽门系统工作正常。
② 屏蔽门应具有系统级、车站级和手动操作三级控制方式。正常情况下,屏蔽门应由列车司机或信号系统监控;屏蔽门处于不正常开关状态时,列车司机应接到当时车站行车值班员指令后再进站或启动离站。
③ 屏蔽门故障时,宜采用车站级控制模式,由列车司机或行车值班员操作屏蔽门。
④ 屏蔽门应设有明显的安全标志和紧急情况操作说明。屏蔽门的手动开关应操作简单,具有中英文操作说明。
⑤ 运营单位应合理确定屏蔽门与车门的开关顺序。
⑥ 运营单位后期加装的防踏空胶条和其他防夹装置等不得侵界。

⑦ 运营单位应对屏蔽门进行日常检查，并满足以下要求：

a. 门体外观完整无损，门体玻璃无划伤、裂痕。

b. 开关平滑、正常，无异响、异味、异常振动。

c. 状态指示灯显示、蜂鸣器声音正常。

d. 就地控制盘外观完好，安装紧固。

⑧ 运营单位应制订屏蔽门的设备检修计划和检修模式，确定设备检修实施周期，制定修程，修程可采用日常巡检、月度检修、季度检修、半年检修和年度检修。屏蔽门检修内容应包括门体结构、电源系统、控制及监视系统和控制室内设备等。

⑨ 运营单位应建立包括维修与保养手册、部件功能描述、部件接线图、操作手册、设备故障记录、日常维修记录等在内的屏蔽门系统的基础资料档案管理制度。

8.3.2 维护检修管理要求

1. 一般规定

① 屏蔽门系统维护检修管理的范围是门体结构、门机系统、电源系统、监控系统。

② 屏蔽门系统的维护检修修程为季检、半年检、年检。

③ 屏蔽门系统的大修宜按照制造商的要求进行，大修内容主要为解体、检查、测试，必要时更换部件，大修后设备应恢复或接近出厂时的性能。

2. 具体维护检修要求

(1) 门体结构检修要求

① 对端门、应急门、司机室门进行开启情况检查，周期应不大于 3 个月，打开时应顺畅、无卡滞，且可开启 90°定位。

② 对滑动门的门槛导槽进行外观检查，周期应不大于 3 个月，应达到无严重变形、无卡阻。

③ 对滑动门与立柱之间的缝隙进行测量，周期应不大于 6 个月，缝隙应为 2—6 mm。

(2) 门机系统维护检修要求

① 对滑动门进行开关门力测量，周期应不大于 6 个月，开关门力应不大于 150 N。

② 对滑动门、端门、应急门、司机门进行手动解锁力测量，周期应不大于 6 个月，手动解锁力应不大于 67 N。

③ 对滑动门进行障碍物探测功能测试，周期应不大于 6 个月，应达到检测到障碍物 1—5 次（可调）后门体完全打开的要求。

④ 对电机及减速箱状态进行检查，周期应不大于 1 年，电机及减速箱应运转良好，无异常振动、噪声及发热现象，减速箱无漏油，润滑良好。

⑤ 按照制造商要求定期更换减速箱润滑油。

⑥ 对滑动门驱动部件的螺母副或皮带外观进行检查，周期应不大于 1 年，应无异常磨损或破损。

⑦ 按照制造商要求定期润滑螺母副或检测调整皮带张紧力。

⑧ 对关键部件的固定螺栓进行安装状态检查，周期应不大于 6 个月，应达到螺栓无松动，紧固力矩满足要求。

⑨ 对电气元件、线路进行连接检查，周期应不大于 1 年，应无松动、无虚接。

(3) 电源系统维护检修要求

① 对电源柜的各开关、按钮功能及指示灯进行状态检查，周期应不大于 3 个月，开关、按钮功能应正常，指示灯显示应正常。

② 对蓄电池各项参数（电压、电流、温度、容量、内阻等）进行检查，周期应不大于 1 年，各项参数应正常，容量满足 1 h 内开关所有滑动门 5 次的要求。

③ 对电源柜进行内部清扫，周期应不大于 6 个月，应达到柜内清洁。

④ 对后备电源进行切换试验，周期应不大于 3 个月，试验结果应满足功能要求。

(4) 控制系统

① 对就地控制盒（LCB）功能进行检查，周期应不大于 3 个月，各项功能应正常。

② 对就地控制盘（PSL）的各开关、按钮功能及指示灯进行状态检查，周期应不大于 3 个月，各开关、按钮功能应正常，指示灯显示正常。

③ 对控制柜的各开关、按钮功能及指示灯进行状态检查，周期应不大于 3 个月，开关、按钮功能应正常，指示灯显示正常。

④ 对监视主机进行磁盘检查，周期应不大于 6 个月，硬盘应有足够的数据存储空间。

⑤ 对监视主机显示界面进行检查，周期应不大于 6 个月，显示应正常。

⑥ 对控制柜进行内外部清扫，周期应不大于 6 个月，应达到内外部清洁。

技 术 训 练

1. 屏蔽门系统设计须满足哪些要求？
2. 屏蔽门门机设备须满足哪些要求？
3. 简述屏蔽门检修周期及检修内容。
4. 简述屏蔽运营管理要求。

第 9 章　城市轨道交通屏蔽门操作

9.1　屏蔽门操作要求

9.1.1　安全操作要求

① 所有屏蔽门设备操作人员都必须严格遵守地铁通用生产安全规定。轨道侧的作业应遵守轨道作业指引。

② 屏蔽门操作人员必须经过培训，考核合格并取得相关证书或得到授权后才可操作屏蔽门设备。

③ 屏蔽门故障或破损时，应及时安放好防护栏及警告标识，并尽快通知相关部门。

④ 操作开关屏蔽门时，应注意观察站台边人群拥挤情况，严禁在没有设置警告标识及防护措施不当时开关屏蔽门，防止乘客跌入轨道造成伤害。

⑤ 手动操作屏蔽门设备后，在恢复正常运行前，必须手动操作屏蔽门测试开关一次，关闭屏蔽门，才能把屏蔽门模式开关转到自动控制位置。

⑥ 在列车进出车站的过程中及屏蔽门在正常的状态下，严禁打开滑动门、应急门、端门。滑动门、应急门、端门操作后，必须确认关闭并锁紧，严禁使用异物阻挡滑动门、应急门、端门的关闭。

9.1.2　屏蔽门操作前要求

① 车站运营期间，屏蔽门操作人员必须向相关人员（OCC 行调或车控室值班员）发出操作请求，取得允许后才可进行操作。

② 屏蔽门操作之前，须检查屏蔽门门体是否正常锁闭、屏蔽门门体有无破损、站台侧屏蔽门有无渗水，如发现影响屏蔽门正常操作和运行等不利因素，须立即停止操作，并向相关人员（OCC 行调或车控室值班员）汇报。

③ 禁止在列车停靠车站期间进行屏蔽门门体操作。

④ 运营期间，屏蔽门操作人员操作屏蔽门时须注意观察站台人群拥挤情况，避免在人群拥挤区域和人群拥挤时间段进行屏蔽门门体操作。

⑤ 严禁在没有设置警告标识及防护措施不当时开启屏蔽门。

⑥ 屏蔽门维护人员须随身配备屏蔽门开关钥匙。
⑦ 非屏蔽门维护人员开关屏蔽门前须前往车站车控室进行钥匙借用登记。

9.1.3 屏蔽门操作期间要求

① 屏蔽门门体操作期间,至少需两位屏蔽门操作人员合作,一人负责开关门体,另一人负责安全防护并禁止无关人员靠近作业区域。
② 屏蔽门操作人员操作屏蔽门门体时,须按规定要求进行操作,避免出现钥匙断裂、冲撞门体等情况发生。
③ 屏蔽门操作人员操作期间,发生屏蔽门故障,须停止操作,根据地铁"先通后复"临时处理故障,并报告相关人员(OCC行调或车控室值班员)。

9.1.4 屏蔽门操作后要求

① 屏蔽门操作人员检查门体是否关闭锁紧。
② 解除警告及防护措施,恢复屏蔽门正常运行。
③ 报告相关人员屏蔽门操作结束并归还操作钥匙,消除借用记录。

9.2 信号及设备操作

9.2.1 信号系统操作

在地铁正常运营中,屏蔽门系统与信号系统联动,通过列车控制室内开关门命令对屏蔽门实现开关操作。

1. 操作人员

屏蔽门自动控制由列车司机完成。

2. 正常操作过程

(1) 开门过程

列车停站并停位准确时(合理停车范围),列车司机发出打开列车门的开门指令,指令发出后,列车司机将下车监护,与此同时,屏蔽门系统在正常状态下将按下列顺序执行指令:

屏蔽门开启指令有效→屏蔽门开始启动→屏蔽门开门到位→屏蔽门信号灯亮/固定门指示灯常亮/监控界面显示系统一切正常。

(2) 关门过程

司机观察乘客已安全上下车,按下屏蔽门关门按钮,屏蔽门将正常执行如下关门流程和信号提示:

关门指令正确→屏蔽门上的蜂鸣器开始提示→屏蔽门开始关闭→所有屏蔽门正常关闭到位并锁紧→屏蔽门门头上的指示灯熄灭/蜂鸣器停止蜂鸣/站台上的信号灯亮(在设定时间后熄灭)/监控界面显示系统一切正常。具体流程如图 9.1 所示。

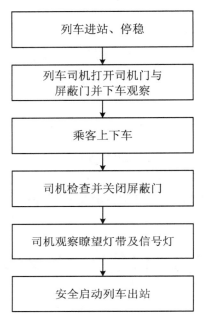

图 9.1 司机操作流程图

9.2.2 就地控制盘(PSL)设备操作

PSL 操作一般是因信号系统故障或屏蔽门设备内部无法对屏蔽门开关进行控制,为保证列车正常进站或出站,不影响车站正常运营,由列车司机或站务人员进行操作,实现屏蔽门开关作业。PSL 设备根据不同用户需求进行设计,图 9.2 所示为一种 PSL 设备,下面以此种 PSL 设备为例进行操作介绍。

1. PSL 操作

PSL 设备包括开关门开关、互锁解除开关、指示灯测试按钮、互锁解除指示灯、开门状态指示灯、关门状态指示灯、门关闭且锁紧指示灯、操作允许指示灯。

PSL 使能开关正常操作是 PSL 设备开关门正常操作的前提,PSL 使能开关关闭则 PSL 设备开关门无法操作,PSL 使能开关打开则 PSL 才可进行开关门操作。

(1) 开门操作

打开开关门钥匙至开门位,操作允许指示灯点亮,整侧屏蔽门开始打开,当屏蔽门完全打开后，PSL 开门指示灯长亮。

图 9.2　PSL 面板

（2）关门操作

打开开关门钥匙至关门位，关门指示灯点亮。当屏蔽门全部锁闭后，PSL 关门且锁紧指示灯长亮。

（3）互锁解除

此开关为自复位开关，当屏蔽门全部关闭，但因锁闭信号丢失或信号系统无法确认屏蔽门是否锁闭而导致列车无法正常进、出站时，为保证正常运营，通过解除滑动门与信号的互锁使列车能够正常发车，使用互锁解除钥匙将挡位旋转至"解除"位并一直保持，此时 PSL 盘面互锁解除指示灯点亮，当列车完成进、出站作业时，松开钥匙开关，此时 PSL 盘面互锁解除指示灯熄灭，取出钥匙，操作完毕。

（4）试灯按钮

按下试灯按钮后，PSL 上所有的指示灯将被点亮，以检测损坏的指示灯。
PSL 操作具体流程如图 9.3 所示。

2. 注意事项

① 操作时务必确认钥匙插到位后，再转动钥匙。
② 禁止在非"复位"位将钥匙拔出。
③ 互锁解除钥匙开关为自复位式开关，钥匙在"解除"位松开后，会自动转回"复位"位，互锁解除位要一直保持才有效，有效时间为 120 s。

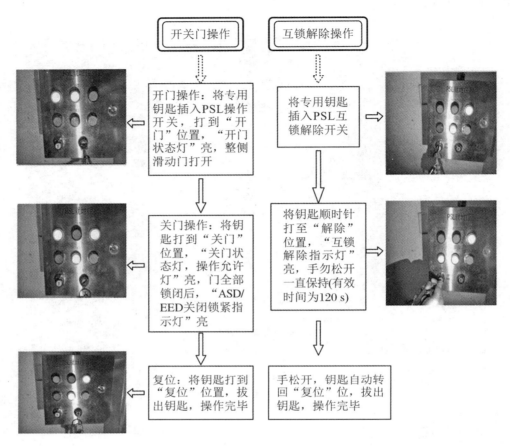

图 9.3 PSL 操作流程图

④ 按下"指示灯测试"按钮后,PSL 上所有的指示灯将被点亮,以检测损坏的指示灯。

9.2.3 就地控制盒(LCB)设备操作

1. LCB 操作

LCB 包括隔离/自动/手动关/手动开四位式开关,钥匙只有在自动位和隔离位时方可取出,LCB 模式开关如图 9.4 和图 9.5 所示。

(1)"隔离"位

使用专用钥匙将挡位旋转至"隔离"位置,单个滑动门单元与系统隔离,切断本单元的电力供应,不影响整个系统的正常工作,便于维修。在此模式下,此道门的安全回路不被旁路。

(2)"自动"位

使用专用钥匙将挡位旋转至"自动"位置,由系统控制 ASD 开/关门。

图 9.4　地下站 LCB

图 9.5　高架站 LCB

(3)"手动关门"位

使用专用钥匙将挡位旋转至"手动关"位置,可使该滑动门执行关门动作。在此模式下,该道滑动门的开关门状态脱离了安全回路,不影响轨道交通的正常运行。

(4)"手动开门"位

使用专用钥匙将挡位旋转至"手动开"位置,可使该滑动门执行开门动作。在此模式下,该道滑动门的开关门状态脱离了安全回路,不影响轨道交通的正常运行。

LCB 操作流程具体流程如图 9.6 所示。

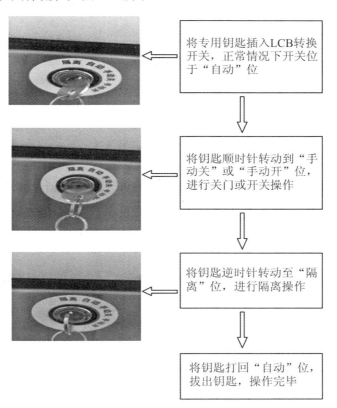

图 9.6　LCB 操作流程图

LCB 操作时设备状态如表 9.1 所示。

表 9.1　LCB 操作设备运行状态

屏蔽门运行状态	LCB 模式		
	自动	手动	隔离
屏蔽门在开启中	1 Hz 闪烁	1 Hz 闪烁	
屏蔽门已完全开启	常亮	常亮	亮 0.5 s 灭 5 s
屏蔽门在关闭中	1 Hz 闪烁	1 Hz 闪烁	
屏蔽门已完全关闭及锁闭	灭	灭	亮 0.5 s 灭 5 s
有障碍物	1 Hz 闪烁	1 Hz 闪烁	
EED/ASD/MSD 未关闭锁紧	2 Hz 闪烁	2 Hz 闪烁	

2．注意事项

① 操作时务必确认钥匙插到位后，再转动钥匙。

② 钥匙在"自动"位或"隔离"位方可拔出，禁止在手动位将钥匙拔出，出于安全考虑，无特殊情况，车站人员不要使用"隔离"位。

③ 开关位于"手动关"或"手动开"位，该道门安全回路被旁路，出于安全考虑，单门故障时应打手动位。

9.2.4　综合后备盘(IBP)设备操作

1．IBP 操作

IBP 上、下行各有一个操作允许开关，操作允许开关有开/关两个挡位，打到"开"位时，可以使用 IBP 控制屏蔽门开关，IBP 盘面如图 9.7 所示。

在 IBP 上，"ASD 关闭""ASD 打开""首末端 ASD 打开"三个按钮均为自保持带灯按钮，即将按钮有效按下后，该按钮点亮，"ASD 打开"和"首末端 ASD 打开"两按钮可同时点亮，且其中任一按钮点亮，"ASD 关闭"不能同时点亮。

(1) ASD 关闭

有效按下此按钮后，"ASD 关闭"点亮，相应侧屏蔽门执行关门命令。

(2) ASD 打开

有效按下此按钮后，"ASD 打开"点亮，相应侧屏蔽门执行开门命令。

(3) 首末端 ASD 打开

有效按下此按钮后，该按钮点亮，相应侧屏蔽门首尾各两道滑动门打开，以满足通风排烟需要。

IBP 开、关门按钮按压时间在 2 s 左右，以保证按钮被有效按下且点亮，确保命令有效。IBP 操作具体流程如图 9.8 所示。

第 9 章　城市轨道交通屏蔽门操作

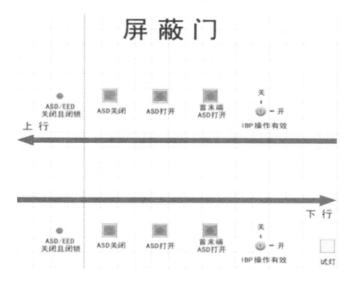

图 9.7　IBP

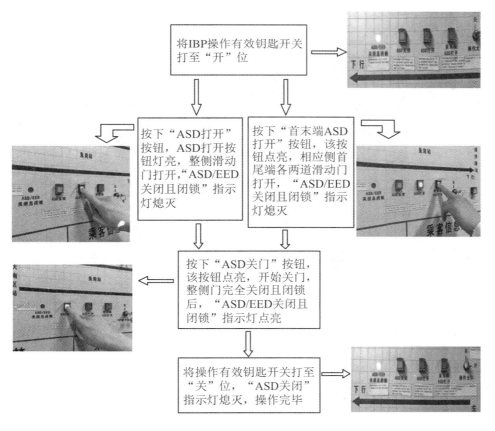

图 9.8　IBP 操作流程图

2. 注意事项

① IBP 带灯按钮为自复位式，操作时务必按下按钮保持 3 s 以上，松手后按钮自复位。
② 上行和下行操作相互独立，分别控制相应侧滑动门。
③ 按下试灯按钮后，IBP 上所有的指示灯将被点亮，以检测损坏的指示灯。

9.3 门体操作

9.3.1 滑动门手动操作

滑动门是乘客进出列车的通道，在地铁正常运营期间，滑动门与信号系统联动并自动开关，在滑动门故障时或轨道区域出现紧急事件时，须对滑动门进行手动操作，如图 9.9 所示。

图 9.9 滑动门门锁装置

1. 三角钥匙手动开、关滑动门

(1) 开门操作

将屏蔽门三角钥匙圆形端插入门体钥匙孔，逆时针转动三角钥匙直到门锁解锁，用手将两扇滑动门向两侧推即可打开。

(2) 关门操作

用手拉动两扇滑动门向中间推动，直到滑动门关闭。

滑动门具体操作流程如图 9.10 所示。

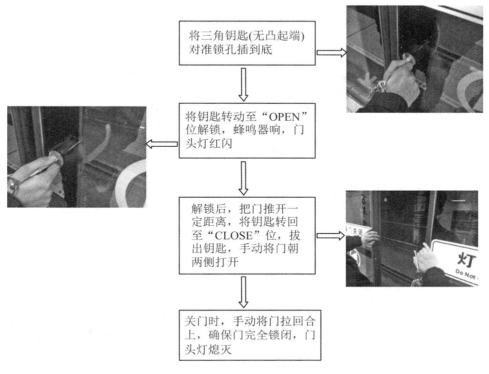

图 9.10 滑动门操作流程图

2. 使用轨道侧紧急释放装置

滑动门紧急释放装置位于滑动门轨道侧,便于在紧急情况下乘客从轨道区域开门进入车站内部进行逃生或避险。

(1) 开门操作

向外拉右侧紧急释放装置,门解锁后,向两侧推即可打开。紧急释放装置如图 9.11 所示。

(2) 关操作

用手拉动滑动门向中间推动,直到滑动门关闭。

9.3.2 应急门或端门手动操作

1. 站台侧开、关应急门或端门的操作

在屏蔽门系统正常运营状态下,应急门和端门处于关闭和锁紧状态,是公共区和隧道区间的屏障。在正常情况下,端门作为车站工作人员进出隧道的通道,端门钥匙与滑动门钥匙不通用。应急门和端门如图 9.12 和 9.13 所示。

图 9.11　滑动门紧急释放装置

图 9.12　应急门

图 9.13　端门

（1）开门操作

用三角钥匙插入门体钥匙孔,逆时针转动三角钥匙,直到门锁完全打开,用手拉住应急门或端门,向站台方向拉开 90°,即可保持打开状态。

（2）关门操作

用手拉住应急门或端门向轨行区方向关闭,关闭后应急门或端门上方门状态指示灯熄灭,并确认应急门或端门完全关闭且锁紧后,方可离开。

2. 轨道侧开、关应急门或端门的操作

(1) 开门操作

按压应急门或端门紧急解锁推杆,门解锁后,向站台侧推动90°,即可保持打开状态。

(2) 关门操作

用手拉住应急门或端门向轨行区方向关闭,关闭后应急门或端门上方门状态指示灯熄灭,确认应急门或端门完全关闭且锁紧后方可离开。

应急门、端门具体操作流程如图9.14所示。

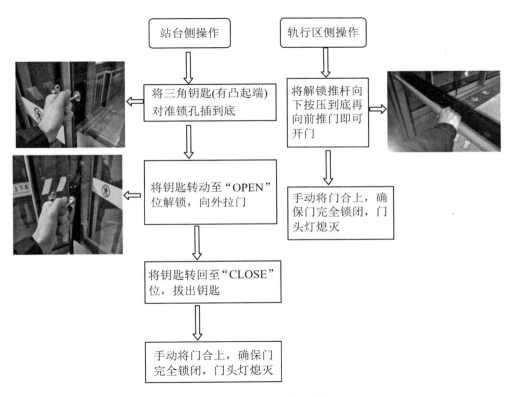

图9.14 应急门、端门操作流程图

技 术 训 练

1. 简述屏蔽门与信号联动操作流程。
2. 简述PSL设备功能及操作流程。
3. 简述LCB设备功能及操作路程。
4. 简述IBP功能及操作流程。

第 10 章　城市轨道交通屏蔽门常见故障及处理

当屏蔽门出现故障时，会对列车运行和乘客乘车体验产生一定影响，如何降低其对列车和乘客的影响已成为至关重要的问题。因此，每一位维修人员都应做到懂设备性能会维修、懂设备原理会排故，不断提高应急处置能力。处理故障时，以"先通后复"为处置原则，并确保故障设备不影响列车正常运行。故障处理流程如图 10.1 所示。

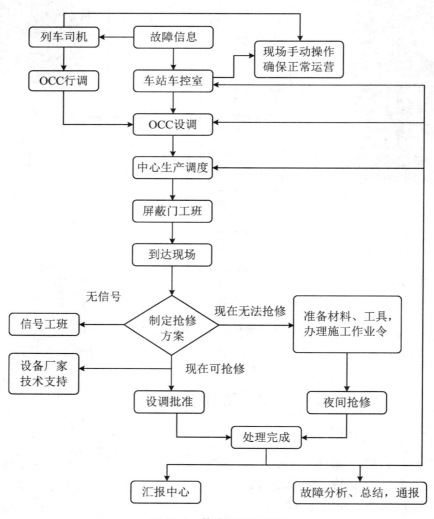

图 10.1　故障处理流程图

第 10 章 城市轨道交通屏蔽门常见故障及处理

屏蔽门系统出现故障时,一般通过查询监控系统 PSC 界面中故障数据及运营数据,初步判断故障点。根据故障点及故障现象判断故障原因。屏蔽门单门出现故障时多为机械原因导致,多门或整侧出现故障时多为电气原因导致。

10.1 屏蔽门故障应急处理

处理屏蔽门故障时,以"先通后复"为处置原则。屏蔽门发生紧急故障时要保证车站正常运营,须提前准备、实时预防、及时处理。屏蔽门常见故障如表 10.1 所示。

表 10.1 屏蔽门常见故障

序号	设备名称	故障列表
1	门单元	滑动门玻璃碎裂
		应急门玻璃碎裂
		端门(司机手推门)玻璃碎裂
		固定门玻璃碎裂
		单个滑动门无法开关门
		单个应急门无法关闭
		单元门电机不运行
		上行或下行全部屏蔽门突然停止运行
		单个滑动门遇障碍物无法关闭
		滑动门等门状态指示灯闪烁,无关闭且锁紧信号
2	控制系统	上行或下行单元控制器故障
		驱动电源失电
		安全回路故障,列车无法正常驶离车站或进入车站
		信号系统无法开关屏蔽门
		当安全回路故障时,互锁解除故障无法操作
3	行车事故	列车在车站、区间发生故障或火灾等突发情况

10.1.1 门单元故障应急处理

1. 滑动门玻璃碎裂

① 如滑动门玻璃碎裂后散落在站台上,车站人员应立即清扫玻璃颗粒。

② 如滑动门玻璃碎裂,车站人员应用透明胶带贴在已经爆裂的玻璃上,避免碎玻璃

散落。

③ 车站人员把此门单元的滑动门打开，辅助门体泄放压力。

④ 车站人员设置防护设施并设专人监护。

⑤ 到达现场的屏蔽门专业人员向工班、车站、设调人员（以下简称设调）和中心生产调度人员（以下简称中心生产调度）汇报门体碎裂具体情况。

⑥ 工班紧急办理夜间临时施工作业令并做好运输安排。

⑦ 准备滑动门门体备件和各类安装工具、辅助材料。

⑧ 组织抢修人员更换此滑动门，反复调试运行确认此门运行正常。

⑨ 向车站、设调、中心生产调度汇报抢修完成情况。

2. 应急门玻璃碎裂

① 如应急门玻璃碎裂后散落在站台上，车站人员应立即清扫玻璃颗粒。

② 如应急门玻璃碎裂，车站人员应用透明胶带贴在已经碎裂的玻璃上，避免碎玻璃散落。

③ 车站人员检查确认应急门处于锁紧状态。

④ 车站人员设置防护设施并设专人进行监护。

⑤ 到达现场的屏蔽门专业人员向工班、车站、设调和中心调度汇报门体碎裂具体情况。

⑥ 工班紧急办理夜间临时施工作业令并做好运输安排。

⑦ 准备应急门门体备件和各种安装工具、辅助材料。

⑧ 组织抢修人员更换此应急门，反复调试检测，确认此门启闭正常。

⑨ 向车站、设调、中心生产调度汇报抢修完成情况。

3. 端门（司机手推门）玻璃碎裂

① 如端门玻璃碎裂后散落在站台上，车站人员应立即清扫玻璃颗粒。

② 如端门玻璃碎裂，车站人员应用透明胶带贴在已经碎裂的玻璃上，避免碎玻璃散落。

③ 车站人员把此端门打开至全开状态，辅助门体泄放压力。

④ 车站人员设置防护设施并设专人进行监护。

⑤ 到达现场的屏蔽门专业人员向工班、车站、设调和中心生产调度汇报门体碎裂具体情况。

⑥ 工班向设调请示办理立即更换此门的临时施工作业令。

⑦ 准备端门门体备件和各种安装工具、辅助材料。

⑧ 组织抢修人员并办理施工请点，设专职安全员进行防护。

⑨ 立即更换此端门，反复调试检测新安装的端门，确认此门启闭正常。

⑩ 司机手推门处设置防护设施并设专人监护，更换作业在夜间进行。

⑪ 司机手推门更换程序与端门相同。

⑫ 向车站、设调、中心生产调度汇报抢修完成情况。

4. 固定门玻璃碎裂

① 如固定门玻璃碎裂后散落在站台上，车站人员应立即清扫玻璃颗粒。

② 如固定门玻璃碎裂，车站人员应用透明胶带贴在已经碎裂的玻璃上，避免碎玻璃散落。

③ 车站人员可以把邻近的两侧滑动门模式开关转换到隔离位置并打开两扇滑动门，辅助门体泄放压力。

④ 车站人员在固定门和两侧滑动门处设置防护设施并设专人监护。

⑤ 到达现场的屏蔽门专业人员向工班、车站、设调和中心生产调度汇报门体碎裂具体情况。

⑥ 工班紧急办理夜间临时施工作业令并做好运输安排。

⑦ 准备固定门门体备件和各种安装工具、辅助材料。

⑧ 组织抢修人员更换此固定门，反复调整测试新安装的固定门，确认此门安装牢固正常。

⑨ 向车站、设调、生产调度汇报抢修完成情况。

5. 单个滑动门无法开/关门

(1) 在运营中可以立即维修

① 接到设调或设备检修部门生产调度的故障报修电话。

② 到达现场的屏蔽门专业人员向工班、车站、设调和中心生产调度汇报故障滑动门的具体情况。

③ 工班向设调请示临时抢修许可，并得到同意。

④ 组织抢修人员和准备工具材料，迅速赶赴车站现场。

⑤ 在车控室办理施工登记手续，设专职安全员在车控室进行安全防护。

⑥ 在故障滑动门处用安全围栏进行施工防护，并设专职安全员监护。

⑦ 当接到安全员通知有列车进站时，抢修人员立即把故障滑动门打开，移走各类工具材料，便于乘客上下列车。

⑧ 故障排除后，将此滑动门进行三次手动开关门检测，确认正常后方可把此门切换到自动位置。

⑨ 所有抢修人员清理作业现场，恢复站台至原有状态。

⑩ 抢修人员在现场观察两列车进出站时此门能够自动开/关门，确认滑动门运行正常。

⑪ 向车站、设调和设备检修部门生产调度汇报滑动门恢复正常以及故障处理情况。

(2) 在运营中不便于立即维修

① 到达现场的屏蔽门专业人员向工班、车站、设调和设备检修部门生产调度汇报故障滑动门的具体情况。

② 紧急办理夜间临时施工作业令。

③ 组织抢修人员和准备工具材料。

④ 夜间检修故障滑动门，反复调试，确认滑动门正常运行。

⑤ 留有抢修人员观察两列车进出站时,确认此门能够自动开/关门。
⑥ 向车站、设调、设备检修部门生产调度汇报滑动门抢修完成情况。

6. 单个应急门无法关闭

① 车站人员立即通知此车站行车值班员和值班站长,安排专人在故障应急门前进行防护,并在抢修人员未到达站台现场前,安排专人在端门外 PSL 处配合列车司机操作互锁解除。
② 到达现场的屏蔽门工班人员向工班、车站、设调汇报故障滑动门的具体情况。
③ 工班组织抢修人员携带工具材料迅速赶赴车站现场。
④ 抢修人员在现场须固定好应急门,以防止活塞风破坏应急门。
⑤ 向设调汇报应急门故障情况,请示是否立即请点维修。
⑥ 确认立即请点维修时,办理施工登记手续,设专职安全员在车控室进行安全防护。
⑦ 工班设置防护栏和警示标语,并设专职安全员监护。
⑧ 接到安全员通知有列车即将进站后,抢修人员立即停止作业,防护好应急门。
⑨ 应急门维修完成后,要反复进行开关门调试,确认此门正常并关闭此门。
⑩ 向设调和设备检修部门生产调度汇报应急门抢修情况。
⑪ 撤离现场的工具材料和防护设施,并在车站办理销点手续。
⑫ 确认不能立即维修时,向车站、设调、设备检修部门、中心生产调度汇报应急门故障情况。
⑬ 固定好应急门,以防活塞风破坏应急门。
⑭ 把此应急门的门状态行程开关用专用压条压紧,使安全回路保持正常连接。
⑮ 车站安排站台人员在现场防护。
⑯ 工班紧急办理夜间临时施工作业令。
⑰ 组织抢修人员和准备各类工具、辅助材料。
⑱ 夜间执行临时施工作业令,全面检修故障应急门。
⑲ 应急门检修完成后,反复进行开关门调试,确认正常后关闭此门。
⑳ 向车站、设调、设备检修部门生产调度汇报应急门抢修完成情况。

7. 单元门电机不运行

① 接到设调或设备检修部门生产调度报修电话。
② 工班组织抢修人员携带各类工具材料立即赶赴车站现场。
③ 向设调汇报故障情况,请示要求立即更换电机或其他损坏的零部件。
④ 在车控室办理登记施工手续,设专职安全员在车控室进行安全防护。
⑤ 在故障门处设置防护围栏,设专职安全员在站台进行安全防护。
⑥ 列车进出站期间,必须中断抢修作业,及时清理现场,保持乘客上下列车顺畅。
⑦ 切断门顶箱内的电源开关,采取相应安全措施。
⑧ 逐步查明电机不运行的故障原因,更换已损坏的电机、线缆或零部件。
⑨ 送电后用钥匙开关在就地控制盒(LCB)上进行手动开关滑动门,检测确认电机运行良好。

⑩ 把此滑动门运行模式恢复到自动位置,观察两次开关门运行,确认运行正常。
⑪ 向车站、设调、设备检修部门生产调度汇报此滑动门电机故障维修完成情况。

8. 上行或下行全部屏蔽门突然停止运行(信号、就地控制盘、综合后备盘均失效)

① 接到设调或设备检修部门生产调度报修电话。
② 工班组织抢修人员携带各类工具材料并立即赶赴车站现场。
③ 向设调办理临时施工作业许可,并在车控室办理施工登记手续。
④ 在站台和设备室内安排抢修人员分工配合,听从统一指挥。
⑤ 用万用表检测控制电源和驱动电源的电压输入输出情况。
⑥ 根据故障现象查明屏蔽门停止运行的原因,并排除故障。
⑦ 送电前通知站台站务人员、保安和安全防护人员维持站台秩序,防止滑动门突然关闭而造成的人身伤害。
⑧ 送电后,抢修人员反复在就地控制盘(PSL)上操作开关门三次以上,检测确认所有滑动门运行状态正常。
⑨ 将屏蔽门恢复到自动运行位置,观察三次开关门运行,确认运行正常。
⑩ 向车站、设调、设备检修部门生产调度汇报故障处理情况。

9. 单个滑动门遇障碍物无法关闭

① 接到设调或设备检修部门生产调度报修电话。
② 屏蔽门工班组织抢修人员携带各类工具材料迅速赶赴车站现场。
③ 向设调办理临时施工作业许可,在车控室办理登记施工手续。
④ 在站台设置专职安全员进行安全防护。
⑤ 清除障碍物后将模式开关打到手动位置,如操作正常,关闭此门后转到自动运行位置。
⑥ 如果此障碍物夹在门槛滑槽中或在滑动门与固定门之间不能清除时,应把此滑动门转换到隔离位置。
　a. 车站人员张贴警示标识,安排人员在故障门处进行安全防护。
　b. 工班向车站、设调和设备检修部门生产调度汇报此滑动门遇障碍物情况。
　c. 紧急办理夜间施工作业令。
　d. 组织抢修人员和准备各类工具材料。
　e. 在车站办理施工手续后,拆卸门槛或滑动门,清除障碍物。
　f. 恢复安装调整后,操作就地控制盒(LCB),检测确认开关门正常,关闭此门后转到自动位置。
　g. 向车站、设调、设备检修部门生产调度汇报清除障碍物完成情况。

10. 滑动门门状态指示灯闪烁,无关闭且锁紧信号

① 接到设调或设备检修部门生产调度报修电话。
② 工班组织抢修人员携带各类工具材料迅速赶赴车站现场。

③ 向设调紧急请示办理临时施工作业许可,在车控室办理施工登记手续。
④ 设置专职安全员在站台和车控室进行监督防护,及时通知列车进站信息。
⑤ 将模式开关转到手动位置,检查门体是否关闭到位,对门控单元(DCU)进行重启。
⑥ 如果故障仍然存在,检查闸锁上各行程开关是否正常。
⑦ 确认门锁行程开关位置是否因螺丝松动移位、脱落或者损坏。
⑧ 断开电源开关,紧固松动螺丝或更换行程开关装置。
⑨ 观察门状态指示灯是否恢复正常,确认就地控制盘(PSL)上有关闭且锁紧信号。
⑩ 将就地控制盒(LCB)模式开关转换到自动位置。
⑪ 观察两列车进出站后,确认滑动门工作正常,故障处理完毕。
⑫ 向车站、设调、设备检修部门生产调度汇报滑动门故障处理完成情况。

10.1.2 控制系统应急处理

1. 上行或下行单元控制器(PEDC)故障

① 接到设调或设备检修部门生产调度报修电话。
② 工班组织抢修人员携带各类工具材料迅速赶赴车站现场。
③ 向设调紧急请示办理临时施工作业许可,在车站办理施工登记手续。
④ 在设备室中央控制盘(PSC)上查明 PEDC 故障是硬件故障还是软件程序故障。
⑤ 同时通知设备厂家安排技术人员赶到车站现场提供技术支持。
⑥ 确认是 PEDC 硬件故障,立即更换 PEDC,厂家技术人员重新安装 PEDC 软件程序。
⑦ 确认是 PEDC 软件程序故障,厂家技术人员重新安装 PEDC 软件程序。
⑧ 修复完成后,观察两列车进出站,每侧滑动门开关门正常,确认 PEDC 工作正常。
⑨ 向车站、设调、设备检修部门生产调度汇报故障处理情况。

2. 驱动电源失电故障

① 接到设调或设备检修部门生产调度报修电话。
② 工班组织抢修人员携带各类工具材料立即赶赴车站现场。
③ 向设调紧急请示临时作业许可,在车控室办理施工登记手续。
④ 在屏蔽门设备室切断驱动电源各路输出开关。
⑤ 用万用表检测驱动电源的开关和隔离变压器等输入输出电压情况,迅速查找失电故障原因,并排除故障。
⑥ 恢复送电前,联系车站行车值班员确认站台没有列车或了解列车进站情况。
⑦ 通知站台站务人员、保安和安全防护人员维持乘客秩序,防止滑动门突然关闭而造成的人身伤害。
⑧ 送电后,抢修人员反复在就地控制盘(PSL)上操作开关门三次以上,检测确认所有滑动门运行状态正常。
⑨ 将滑动门恢复到自动运行位置,观察三次开关门运行,确认运行正常。

⑩ 向车站、设调、设备检修部门生产调度汇报故障处理情况。

3. 安全回路故障,列车无法正常驶离车站或进入车站

① 接到设调或设备检修部门生产调度报修电话。
② 工班组织抢修人员携带各类工具材料迅速赶赴车站现场。
③ 向设调办理请示临时施工作业许可,在车控室办理施工登记手续。
④ 设置专职安全人员在站台现场和车控室监督安全防护情况,及时通知列车进出站信息。
⑤ 合理安排人员分工,站台和设备室相互配合,通过屏蔽门中央控制盘(PSC)进行查询,找出故障滑动门或应急门。
⑥ 在站台用钥匙切换模式开关位置,检查滑动门安全回路通断情况。
⑦ 如果查明某道门安全回路故障后立即处理排除。
⑧ 如果查明是设备室中央控制盘(PSC)内安全回路继电器等故障立即处理排除。
⑨ 切换模式开关到自动位置,观察两列车进出站正常开关门后,确认安全回路恢复正常。
⑩ 向车站、设调、设备检修部门生产调度汇报故障处理完成情况。

4. 信号系统无法开关屏蔽门

① 接到设调或设备检修部门生产调度报修电话。
② 工班组织抢修人员携带各类工具材料迅速赶赴车站现场。
③ 确认屏蔽门设备室内综合配电柜的滑动门控制电源和驱动电源正常。
④ 使用万用表测量中央控制盘(PSC)内的信号端子排或安全继电器触点电压是否正常。
⑤ 如果两处电压不正常,查明并排除故障,恢复信号电压至正常。
⑥ 如果两处电压正常,可判断为信号系统故障。
⑦ 立即报告信号专业人员进行处理,并安排工班人员配合。
⑧ 信号系统故障处理完成后,观察两列车通过信号系统正常开关门后,确认屏蔽门信号控制正常。
⑨ 向车站、设调、设备检修部门生产调度汇报故障处理完成情况。

5. 当安全回路故障时,互锁解除故障无法操作

① 接到设调或设备检修部门生产调度报修电话。
② 工班组织抢修人员携带各类材料工具迅速赶赴车站现场。
③ 向设调紧急请示办理临时施工作业许可,在车站办理施工登记手续。
④ 查明就地控制盘(PSL)上的互锁解除钥匙开关以及设备室中央控制盘(PSC)内的接入口是否故障。
⑤ 更换接触不良或已损坏的电气元件、线缆。
⑥ 操作互锁解钥匙开关确认恢复正常。
⑦ 查明并排除安全回路无关闭且锁紧故障。

⑧ 切换模式开关到自动位置,观察两列车进出站后,确认设备自动运行正常。
⑨ 向车站、设调、设备检修部门生产调度汇报故障处理完成情况。

10.1.3 火灾等应急处理

列车在车站、区间发生故障或火灾等突发情况的处理措施如下:
① 接到设调或设备检修部门生产调度的电话命令或车站的电话通报。
② 安排抢修人员携带各类专用工具材料迅速赶赴车站现场。
③ 车站人员使用以下几种方法操作屏蔽门并疏散列车内、区间里的乘客:
　a. 操作车控室的综合后备盘(IBP)按钮开关打开所有滑动门。
　b. 操作站台就地控制盘(PSL)钥匙开关,打开所有滑动门。
　c. 站台侧的工作人员用钥匙手动打开所有滑动门、应急门和端门。
　d. 司机通过列车广播通知轨道侧乘客手动解锁打开滑动门、应急门和端门。
　e. 工班人员在车站配合站务人员引导、分流和疏散乘客。
　f. 行调、车站通知突发情况处理完毕,工班人员恢复所有滑动门、应急门和端门关闭状态。
　g. 工班向车站、设调、设备检修部门生产调度汇报车站屏蔽门恢复正常状态。

10.2　屏蔽门故障分析及处理

10.2.1　屏蔽门常见单门故障判断及排除

1. 滑动门无法开关

此类故障原因主要有:

(1) 门机控制器(DCU)损坏或插件松动、接触不良

处理方法:通过 PSC 查询故障数据,如果故障数据显示 DCU 故障,则用万用表检查 DCU 端口是否有输出电压,如端口无输出电压,则 DCU 损坏,更换即可;如有输出电压,则检查插件是否有松动或接触不良的情况,如有,紧固插件即可。

(2) 电机损坏或插件松动、接触不良

处理方法:通过 PSC 查询故障数据,如果故障数据显示电机断路故障,则用万用表检查电机输入端是否有电压,如有电压,则电机损坏,更换即可;如无电压,检查插件是否有松动或接触不良的情况,如有,紧固插件即可。

(3) 承载小车组件松动

处理方法:通过 PSC 查询故障数据,如果故障数据显示开门遇阻或关门遇阻,则检查门槛及导轨是否卡异物,如有异物,取出即可;如无异物,检查门体与立柱及门槛是否有摩擦,如有,调整承载小车即可。

(4) 就地控制盒(LCB)转换开关未处于自动位

处理方法:通过 PSC 查询运营数据,如果运营数据显示该门道处于手动位或隔离位,则该门道无法响应外部开关门信号,将该门道打至自动位即可。

2. 滑动门开/关门缓慢

此类故障原因主要有:

(1) 门槛或门机导轨有异物

处理方法:通过 PSC 查询故障数据,如果故障数据显示开/关门遇阻,查看门槛和门机导轨有无异物,若有,清理即可。

(2) 防跳轮间隙过小

处理方法:通过 PSC 查询故障数据,如果故障数据显示开/关门遇阻,查看防跳轮间隙是否合适,若间隙过小调整间隙即可。

3. 滑动门在关到位处重复开门动作,但无法开门

此类故障原因主要有:

(1) 电磁铁损坏或插件松动、接触不良

处理方法:通过 PSC 查询故障数据,如果故障数据显示电磁铁故障,则用万用表检查电磁铁两端是否有电压,若电磁铁两端有电压,查看电磁铁能否正常吸合、释放,若不能则电磁铁损坏;若电磁铁两端没有电压,则查看电磁铁连接线是否松动、接触不良,如有,紧固即可。

(2) 电磁铁未完全释放

处理方法:通过 PSC 查询故障数据,如果故障数据显示电磁铁故障,则用万用表检查电磁铁两端是否有电压,若电磁铁两端有电压,查看电磁铁是否完全释放,若没有,调整电磁铁使之完全释放即可。

4. 当滑动门关闭到位后,门状态指示灯闪烁

此类故障原因主要有:

(1) 滑动门行程开关损坏或接触不良、未压合

处理方法:通过 PSC 查询故障数据,如果故障数据显示行程开关故障,查看行程开关是否压合,若未压合,则调整行程开关;若已压合,用万用表测量行程开关两端是否有电压,若有电压,则行程开关损坏,若无电压,则查看连接线是否接触不良,如是,紧固即可。

(2) 应急门行程开关损坏或接触不良、未压合

处理方法:通过 PSC 查询故障数据,如果故障数据显示行程开关故障,查看行程开关是否压合,若未压合,则调整行程开关;若已压合,用万用表测量行程开关两端是否有电压,

若有电压,则行程开关损坏,若无电压,则查看连接线是否接触不良,如是,紧固即可。

10.2.2 屏蔽门常见多门故障判断及排除

1. 第 1、5、9、13、17、21 号滑动门无法联动打开

故障原因:驱动电源第 1 路空气开关跳闸。

处理方法:通过 PSC 查询故障数据,故障数据显示第 1 路空气开关断开,因第 1、5、9、13、17、21 号滑动门为同一驱动电源模块供电,故合上空气开关即可。

2. 部分滑动门短暂打开后自动关闭

故障原因:某道滑动门开关门电压存在串电现象。

处理方法:通过 PSC 查询故障数据,故障数据显示多道滑动门 DCU 故障,因控制命令由串联的滑动门传达,采用分段排查法确定哪一道门出了问题,用万用表测量 DCU 和 DCU 接线盒的开关门电压,判断故障点。

10.2.3 屏蔽门整侧无法开关

1. 系统级控制下屏蔽门未联动打开

此类故障原因主要有:

(1) 列车冲标或欠标

处理方法:此种情况非设备原因导致,冲标时由司机操作 PSL 进行开门作业,欠标时由司机重新对标,对标完成后进行开门作业。

(2) PEDC 损坏或线束接触不良、断路

处理方法:用万用表测量 PEDC 开门信号是否有输出,如没有输出,则 PEDC 损坏,更换即可;如有输出,则检查线束是否有接触不良或断路的情况,如有,重新连接线束即可。

(3) 无开门电压或开门电压不足

处理方法:在系统级控制下,用万用表测量发送至信号专业的开门电压,如无开门电压,检查 SIG 空气开关是否断开,若断开,合上空气开关即可;若开门电压不足,则检查开门电压设定值是否正确,若不正确,重新设定即可。

(4) IBP 使能开关处于开位、IBP 关门按钮未复位或 PSL 开关处于关门位

处理方法:查看 PSC 运营数据,若运营数据显示 IBP 使能开关处于开位,将 IBP 使能开关恢复至自动位即可;若运营数据显示 IBP 关门按钮未复位,将 IBP 关门按钮复位即可;若运营数据显示 PSL 处于关门位,将 PSL 开关恢复至自动位即可。

(5) 开门继电器损坏或接触不良、断路

处理方法:用万用表测量开门继电器有无输出电压,如有输出,检查线束是否有接触不良或断路的情况,如有,重新连接线束即可;如无输出,则开门继电器损坏,更换即可。

2. IBP 无法控制屏蔽门开门

此类故障原因主要有:

(1) PEDC 损坏或线束接触不良、断路

处理方法:用万用表测量 PEDC 端子排中 IBP 开门是否有输出电压,如没有输出,则 PEDC 损坏,更换即可;如有输出,则检查线束是否有接触不良或断路的情况,如有,重新连接线束即可。

(2) 无开门电压或开门电压不足

处理方法:用万用表测量开门电压,如无开门电压,检查 IBP 空气开关是否断开,若断开,合上空气开关即可;若开门电压不足,则检查开门电压设定值是否正确,若不正确,重新设定即可。

(3) 开门继电器损坏或接触不良、断路

处理方法:用万用表测量开门继电器有无输出电压,如有输出,检查线束是否有接触不良或断路的情况,如有,重新连接线束即可;如无输出,则开门继电器损坏,更换即可。

3. PSL 无法控制屏蔽门开门

此类故障原因主要有:

(1) PEDC 损坏或线束接触不良、断路

处理方法:用万用表测量 PEDC 端子排中 PSL 开门是否有输出电压,如没有输出,则 PEDC 损坏,更换即可;如有输出,则检查线束是否有接触不良或断路的情况,如有,重新连接线束即可。

(2) 无开门电压或开门电压不足

处理方法:用万用表测量开门电压,如无开门电压,检查 PSL 空气开关是否断开,若断开,合上空气开关即可;若开门电压不足,则检查开门电压设定值是否正确,若不正确,重新设定即可。

(3) 开门继电器损坏或接触不良、断路

处理方法:用万用表测量开门继电器有无输出电压,如有输出,检查线束是否有接触不良或断路的情况,如有,重新连接线束即可;如无输出,则开门继电器损坏,更换即可。

(4) IBP 使能开关处于开位、IBP 关门按钮未复位

处理方法:查看 PSC 运营数据,若运营数据显示 IBP 使能开关处于开位,将 IBP 使能开关恢复至自动位即可;若运营数据显示 IBP 关门按钮未复位,将 IBP 关门按钮复位即可。

技 术 训 练

1. 简述屏蔽门设备应急处理信息传递流程。
2. 简述屏蔽门故障类型。
3. 简述屏蔽门门单元应急处理流程。
4. 简述屏蔽门故障原因及处理方法。

第 11 章　城市轨道交通屏蔽门设备检修

11.1　屏蔽门检修工器具及仪器仪表

11.1.1　屏蔽门检修工器具

1. 螺丝批类

(1) 螺丝批类型

屏蔽门检修作业时常用的有十字螺丝批(图 11.1)和一字螺丝批(图 11.2),主要用来紧固或拆卸螺丝。使用过程中为避免触电事故发生,操作人员手不得接触金属杆。

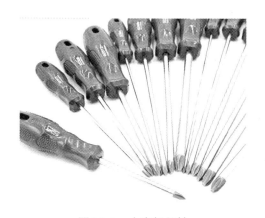 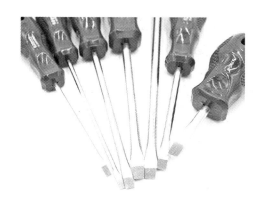

图 11.1　十字螺丝批　　　　　　　　图 11.2　一字螺丝批

(2) 注意事项

① 带电作业时,手不可触碰螺丝批金属杆,避免发生触电。
② 金属杆应套上绝缘管,避免触碰人体及带电物体。

2. 钳具类

(1) 老虎钳

老虎钳,也叫钢丝钳,是手工工具,钳口有刃,多用来起钉子或夹断钉子和铁丝,如图 11.3 所示。

图 11.3　老虎钳

① 作用:老虎钳齿口可用来紧固或拧松螺母。刀口可用来剖切软电线的橡皮或塑料绝缘层,也可用来剪切电线、铁丝。铡口可以用来切断电线、钢丝等较硬的金属线。

钳子的绝缘塑料管耐压 500 V 以上,有了它可以带电剪切电线。

② 注意事项:老虎钳使用前应检查绝缘是否良好,避免带电作业,以免造成触电危险。不得用钳口剪切不同电位的两根线,避免发生短路。严禁用普通钳子带电作业,带电作业请使用电工钳;剪切紧绷的金属线时应做好防护措施,防止被剪断的金属线弹伤;不能将钢丝钳作为敲击工具使用。

(2) 尖嘴钳

尖嘴钳又称修口钳、尖头钳、尖咀钳。它由尖头、刀口和钳柄组成,如图 11.4 所示。钳柄上套有额定电压 500 V 的绝缘套管。它是一种常用的钳形工具,主要用来剪切线径较细的单股与多股线,以及给单股导线接头弯圈、剥塑料绝缘层等,能在较狭小的工作空间操作,不带刃口者只能夹捏工作,带刃口者能剪切细小零件。它是内线器材等装配及修理工作常用的工具之一。

图 11.4　尖嘴钳

(3) 斜口钳

斜口钳主要用于剪切导线及元器件多余的引线,还常用来代替一般剪刀剪切绝缘套管、尼龙扎线卡等,如图 11.5 所示。斜口钳的钳柄有铁柄、管柄和绝缘柄三种。电工用带绝缘柄的短斜口钳。

① 作用:斜口钳功能以切断导线为主。

② 注意事项:使用钳子要量力而行,不可以用来剪切钢丝、钢丝绳和过粗的铜导线和铁丝,否则容易导致钳子崩牙和损坏。

(4) 尖嘴钳

又称修口钳、尖头钳、尖咀钳。它由尖头、刀口和钳柄组成,如图 11.6 所示。

图 11.5 斜口钳

图 11.6 尖嘴钳

① 作用:尖嘴钳主要用来剪切线径较细的单股与多股线,以及给单股导线接头弯圈、剥塑料绝缘层等,能在较狭小的工作空间操作,不带刃口者只能夹捏工作,带刃口者能剪切细小零件。

② 注意事项:使用时注意刃口不要对向自己,使用完放回原处,放置在儿童不易接触的地方,以免儿童受到伤害。

(5) 剥线钳

剥线钳是内线电工、仪器仪表电工、电动机修电工常用的工具之一,用来供电工剥除电线头部的表面绝缘层,如图 11.7 所示。

① 作用:剥线钳可以使得电线被切断的绝缘皮与电线分开,还可以防止触电。

② 使用方法:根据缆线的粗细型号,选择相应的剥线刀口,将准备好的电缆放在剥线工具的刀刃中间,选择好要剥线的长度,握住剥线工具手柄,将电缆夹住,缓缓用力使电缆外表皮慢慢剥落,松开工具手柄,取出电缆线,这时电缆线中的金属部分整齐地露在外面,其余绝缘塑料完好无损。

(6) 压接钳

压接钳又叫压接机。压接钳是电力行业在线路基本建设施工和线路维修中进行导线接续压接的必要工具。

图 11.7 剥线钳

图 11.8 压接钳

3. 扳手类

屏蔽门检修作业时常用的有活动扳手(图 11.9)、开口扳手(图 11.10)、两用扳手(图 11.11)、套筒扳手(图 11.12)、棘轮扳手(图 11.13)和内六角扳手(图 11.14),主要用来紧固或拆卸外、内六角螺母。使用过程中谨防夹伤。

图 11.9 活动扳手

图 11.10 开口扳手

图 11.11 两用扳手

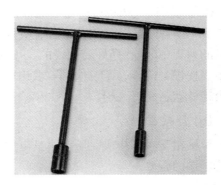

图 11.12 套筒扳手

图 11.13　棘轮扳手

图 11.14　内六角扳手

(1) 活动扳手

可以根据螺母大小在一定范围内调节活动扳手开口大小,适用面广。

(2) 开口扳手

一端或两端制有固定尺寸的开口,用于固定尺寸螺母。

(3) 两用扳手

一端与开口扳手相同,另一端与梅花扳手相同,适用于空间较为狭小的场合。

(4) 套筒扳手

头端带六角孔的套筒并配有手柄、接杆,适用于拧转空间狭小或凹陷在深处的螺母。

(5) 棘轮扳手

棘轮扳手具有正转和反转两种功能,不需要转动一定角度后重新复位,可提高工作效率。

(6) 内六角扳手

呈 L 型的六角棒状扳手,专用于拧转内六角螺母。

4. 验电笔

验电笔,俗称电笔,是一种常用的电工工具。它可以被用来判断电路中的零线和火线,也可以被用来判断是否存在漏电现象。验电笔主要由兼作螺丝刀用的触头、氖管、降压电阻和笔帽(接地用)等组成。如图 11.15 所示。

验电笔根据所测电压的不同分为三类:高压验电笔可以用来检测电压在 10 kV 以上的设施;低压验电笔则适用于对电压范围在 500 V 以下的带电设施的检测;当测试电压范围在 6—24 V 时,人们常常使用弱电验电笔。

(1) 使用方法

当测试带电体时,工作人员应让验电笔的金属探头接触

图 11.15　验电笔

带电体,同时用手碰触验电笔尾端的金属片,如果带电体有电流通过并使得电路通畅,则验电笔的氖泡发光。

(2) 注意事项

使用验电笔之前首先要对验电笔进行校验,以确定验电笔的功能正常。可以在已知电源上进行测试,检查氖泡是否发光。同时,还要检查验电笔是否受潮或进水,以保证自身安全。

使用验电笔进电场测试之前,检测所在场所的电压是否适用。禁止尝试用验电笔测试高于适用范围的电压,以免发生危险。

用验电笔时,勿用手触及验电笔前端的金属探头以免发生触电事故;使用验电笔一定要用手触及验电笔尾端的金属片或者金属钩。如果没有这样做的话,虽然验电笔的氖泡没有发光,但因为带电体、验电笔、人体和大地并没有形成回路,不能正确判断带电体是否带电,一旦误判将非常危险。

在明亮的光线下使用验电笔时要尤其注意判断验电笔的氖泡是否真的发亮。

对高电压设备用验电笔进行验电的时候,首先必须严格执行操作监护制度,一人进行操作的同时,另一人在旁进行监护,操作者要在前面,监护人在后面。

使用验电笔时,要注意额定电压和被测电气设备的电压等级的适配。

验电时,操作人员务必要带上绝缘手套,穿上绝缘鞋,以防止接触电压伤害人体。操作者要先在有电设备上对验电笔进行检验。

对多层线路进行带电检验时,要先验低压,然后再验高压,要先验上层再验下层。

5. 电烙铁

电烙铁主要用于焊接元件及导线,如图 11.16 所示。

图 11.16 电烙铁

(1) 分类

电烙铁按机械结构可分为内热式电烙铁和外热式电烙铁,按功能可分为无吸锡电烙铁和吸锡式电烙铁,根据用途不同又分为大功率电烙铁和小功率电烙铁。

(2) 注意事项

① 电烙铁使用前应检查使用电压是否与电烙铁标称电压相符。

② 电烙铁应该具有接地线。

③ 电烙铁通电后不能任意敲击、拆卸及安装其电热部分零件。
④ 电烙铁应保持干燥，不宜在过分潮湿或淋雨环境使用。
⑤ 拆烙铁头时，要切断电源。
⑥ 切断电源后，最好利用余热在烙铁头上上一层锡，以保护烙铁头。
⑦ 当烙铁头上有黑色氧化层时候，可用砂布擦去，然后通电，并立即上锡。
⑧ 用湿海绵用来收集锡渣和锡珠，湿海绵以用手捏刚好不出水为宜。
⑨ 焊接之前做好"5S"管理，焊接之后也要做好"5S"管理。

11.1.2 屏蔽门检修仪器仪表

1. 万用表

万用表又称为复用表、多用表、三用表、繁用表等，是电力电子等部门不可缺少的测量仪表，一般以测量电压、电流和电阻为主要目的。万用表按显示方式分为指针万用表（图11.17）和数字万用表（图11.18），是一种多功能、多量程的测量仪表，一般万用表可测量直流电流、直流电压、交流电流、交流电压、电阻和音频电平等。

图 11.17　指针万用表

图 11.18　数字万用表

(1) 使用注意事项

① 数字万用表使用注意事项：

如果无法预先估计被测电压或电流的大小，则应先拨至最高量程挡测量一次，再视情况逐渐把量程减小到合适位置。测量完毕，应将量程开关拨到最高电压挡，并关闭电源。

满量程时，仪表仅在最高位显示数字"1"，其他位均消失，这时应选择更高的量程。

测量电压时，应将数字万用表与被测电路并联。测电流时应与被测电路串联，测直流电时不必考虑正、负极性。

当误用交流电压挡去测量直流电压，或者误用直流电压挡去测量交流电压时，显示屏将显示"000"，或低位上的数字出现跳动。

禁止在测量高电压(220 V 以上)或大电流(0.5 A 以上)时换量程,以防止产生电弧,烧毁开关触点。

② 机械万用表使用注意事项:

使用前机械调零。万用表未使用时表针应指在零位,若不在零位,可用螺丝刀微调表头机械调零旋钮,使之处于零位。在测量电阻之前,还要进行欧姆调零。

使用时必须水平放置,以免造成误差,不要碰撞硬物或跌落到地面上。不能用手去接触表笔的金属部分。在测量某一电量时,不能在测量的同时换挡,尤其是在测量高电压时,更应注意。否则,会使万用表毁坏。如需换挡,应先断开表笔,换挡后再去测量。

万用表使用完毕后,如果没有空挡,应将量程转换开关置于最高交流电压挡;如果有空挡("＊"或"OFF"),则应拨至该挡。

万用表长期不用时,应将表内电池取出,以防电池电解液渗漏而腐蚀内部电路。

(2) 万用表测量

使用万用表时应根据测量内容不同选择不同挡位。万用表挡位种类如图 11.19 所示。

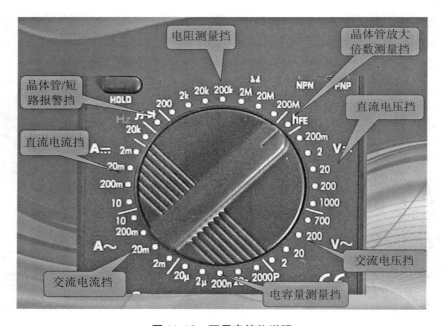

图 11.19　万用表挡位说明

① 电压测量。将万用表调整至电压挡及适当挡位,万用表并联在电路中,其中 V～表示交流电压,V- 表示直流电压,电压数值可以在指针盘或显示屏上显示。

② 电流测量。将万用表调整至电流挡及适当挡位,万用表串联在电路中,其中 V～表示交流电流,V- 表示直流电流,电流数值可以在指针盘或显示屏上显示。

③ 电阻测量。将万用表调整至电阻挡及适当挡位,万用表与被测电阻并联,读取数值。

2. 兆欧表

兆欧表是电工常用的一种测量仪表,主要用来检查电气设备或电气线路对地及相间的绝缘电阻,以保证这些设备、电器和线路工作在正常状态,避免发生触电伤亡及设备损坏等事故,如图 11.20 所示。

图 11.20 兆欧表

(1) 使用方法

① 测量前必须将被测设备电源切断,并对地短路放电。绝不能让设备带电进行测量,以保证人身和设备的安全。对可能感应出高压电的设备,必须消除这种可能性后,才能进行测量。

② 被测物表面要清洁,减少接触电阻,确保测量结果的正确性。

③ 测量前应对兆欧表进行一次开路和短路试验,检查兆欧表是否良好。即在兆欧表未接上被测物之前,摇动手柄使发电机达到额定转速(120 r/min),观察指针是否指在标尺的"∞"位置。将接线柱"线(L)和地(E)"短接,缓慢摇动手柄,观察指针是否指在标尺的"0"位。如指针不能指到该指的位置,表明兆欧表有故障,应检修后再用。

④ 兆欧表使用时应放在平稳、牢固的地方,且远离大的外电流导体和外磁场。

⑤ 必须正确接线。兆欧表上一般有三个接线柱,其中 L 接在被测物和大地绝缘的导体部分,E 接在被测物的外壳部分或大地。G 接在被测物的屏蔽上或不需要测量的部分。测量绝缘电阻时,一般只用"L"和"E"端,但在测量电缆对地的绝缘电阻或被测设备的漏电流较严重时,就要使用"G"端,并将"G"端接屏蔽层或外壳。线路接好后,可按顺时针方向转动摇把,摇动的速度应由慢而快,当转速达到每分钟 120 转左右时(ZC-25 型),保持匀速转动,1 min 后读数,并且要边摇边读数,不能停下来读数。

⑥ 摇测时将兆欧表置于水平位置,摇把转动时其端钮间不许短路。摇动手柄应由慢渐快,若发现指针指零说明被测绝缘物可能发生了短路,这时就不能继续摇动手柄,以防表内线圈发热损坏。

⑦ 读数完毕,将被测设备放电。放电方法是将测量时使用的地线从兆欧表上取下来与被测设备短接一下即可(不是兆欧表放电)。

(2) 注意事项

① 禁止在雷电时或高压设备附近测绝缘电阻,只能在设备不带电,也没有感应电的情况下测量。

② 摇测过程中,被测设备上不能有人工作。

③ 兆欧表线不能绞在一起,要分开。

④ 兆欧表未停止转动之前或被测设备未放电之前,严禁用手触及。拆线时,也不要触及引线的金属部分。

⑤ 测量结束时,对于大电容设备要放电。

⑥ 兆欧表接线柱引出的测量软线绝缘应良好,两根导线之间和导线与地之间应保持适当距离,以免影响测量精度。

⑦ 为了防止被测设备表面泄漏电阻,使用兆欧表时,应将被测设备的中间层(如电缆壳芯之间的内层绝缘物)与保护环相接。

⑧ 要定期校验其准确度。

3. 示波器

示波器是一种用途十分广泛的电子测量仪器。它能把肉眼看不见的电信号变换成看得见的图像,便于人们研究各种电现象的变化过程。示波器利用狭窄的、由高速电子组成的电子束,打在涂有荧光物质的屏面上,就可产生细小的光点(这是传统的模拟示波器的工作原理)。在被测信号的作用下,电子束就好像一支笔的笔尖,可以在屏面上描绘出被测信号的瞬时值的变化曲线。利用示波器能观察各种不同信号随时间变化的波形曲线,还可以用它测试各种不同的电量,如电压、电流、频率、相位差、调幅度等。示波器如图 11.21 所示。

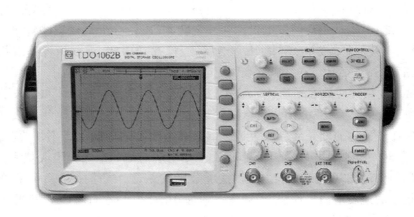

图 11.21 示波器

(1) 分类

示波器可以分为模拟示波器和数字示波器。模拟示波器的工作方式是直接测量信号电压，并且通过从左到右穿过示波器屏幕的电子束在垂直方向描绘电压。数字示波器的工作方式是通过模拟转换器（ADC）把被测电压转换为数字信息。数字示波器捕获的是波形的一系列样值，并对样值进行存储，存储限度的判断标准是累计的样值是否能描绘出波形，随后，数字示波器重构波形。

(2) 注意事项

① 通用示波器通过调节亮度和聚焦旋钮使光点直径最小以使波形清晰，减小测试误差；不要使光点停留在一点不动，否则电子束轰击一点将在荧光屏上形成暗斑，损坏荧光屏。

② 测量系统（如示波器、信号源以及打印机、计算机等设备等）、被测电子设备（如仪器、电子部件、电路板、被测设备供电电源等）等接地线必须与大地相连。

③ 通用示波器的外壳、信号输入端 BNC 插座金属外圈、探头接地线、AC 220 V 电源插座接地线端都是相通的。如仪器使用时不接大地线，直接用探头对浮地信号测量，则仪器相对大地会产生电位差，其电压值等于探头接地线接触被测设备点与大地之间的电位差，这将对仪器操作人员、示波器、被测电子设备带来严重安全危险。

④ 如需测量开关电源、UPS（不间断电源）、电子整流器、节能灯、变频器等类型产品或其他与市电 AC 220 V 不能隔离的电子设备，必使用 DP100 高压隔离差分探头。

⑤ 热电子仪器一般要避免频繁开机、关机，示波器也是这样。

⑥ 如果发现波形受外界干扰，可将示波器外壳接地。

⑦ "Y 输入"的电压不可太高，以免损坏仪器，在最大衰减时也不能超过 400 V。"Y 输入"导线悬空时，受外界电磁干扰出现干扰波形，应避免出现这种现象。

⑧ 关机前先将亮度调节旋钮沿逆时针方向转到底，使亮度减到最小，然后再断开电源开关。

⑨ 在观察荧屏上的亮斑并进行调节时，亮斑的亮度要适中，不能过亮。

11.2 屏蔽门安全规定

11.2.1 通用安全规定

① 只允许熟悉屏蔽门系统操作程序的工作人员对屏蔽门系统进行操作，禁止其他人员进行操作及维修。使用前操作者应详细了解屏蔽门系统的主要结构、动作原理，熟练掌握操作方法和日常检查、维护保养等知识，避免错误操作，造成人为故障和伤害。

② 在列车运营时间段内，严禁任何人员进入轨道侧。

③ 乘客在候车和上下车时，站台工作人员应该提醒乘客注意，当站台出现拥挤情况时

应采取安全措施,保证乘客安全。

④ 在候车时,禁止乘客倚靠在屏蔽门门体上或站在门槛上。

⑤ 在屏蔽门自动开启或关闭时,严禁有意阻碍其运作。

⑥ 严禁在滑动门、应急门或端门的运行范围内摆放障碍物阻碍门扇的开启,从而影响紧急疏散乘客的能力。

⑦ 操作屏蔽门系统的各种不同用途的钥匙须放在安全的地方且只能由授权的人员使用。

⑧ 当屏蔽门出现损坏或工作不正常时,应立刻将它封锁(或将开关打到手动关门位,使门处于关闭状态),同时联系相关维护人员进行维修。

⑨ 在屏蔽门系统运行期间,严禁进行任何测试。

⑩ 在屏蔽门系统正常运行期间,在站台侧严禁随便用钥匙手动开启屏蔽门。若屏蔽门被手动开启,站台工作人员或维修人员需检查屏蔽门是否已关闭并且锁紧。

⑪ 在列车运营期间进行屏蔽门设备抢修时,必须在抢修部位设置明显的警示标志或围栏,限制无关人员接近。

11.2.2 检修安全规定

① 检修作业时须穿戴好劳保防护用品。

② 检修作业时严禁单人作业。

③ 登高作业须有专人防护。

④ 进入气灭保护区,须将气控盘打至"手动状态"。

⑤ 检修作业时,须在轨行区内设置红闪灯,进入轨行区须穿戴荧光衣。

⑥ 检修作业时严禁带电作业,并挂牌,停送电时必须同一人完成。

⑦ 严禁在屏蔽门门体边沿绝缘层范围内进行钻孔或者其他破坏站台绝缘层的施工。

⑧ 检修作业时严禁超区域作业。

⑨ 检修作业严格按照检修作业标准执行。

11.3 屏蔽门检修标准

11.3.1 检修周期及内容

屏蔽门须定期进行维修、维护,保证设备处于良好的设备状态。维护模式分为日常巡视、计划检修、故障检修,其中计划检修分为月度检修、季度检修、年度检修。

1. 日常巡视

日常巡视指每日检查全线各站屏蔽门系统设备工作状态,及时发现问题,进行简单维护并作记录,巡视内容如表 11.1 所示。

表 11.1 屏蔽门日常巡视内容

项目	内容	基本要求	状态	备注
环境	设备室外围设备与环境	温度≤30 ℃、湿度≤90%,无漏水		
	双切电源箱	开关完好无碳迹过热现象		
驱动/控制 UPS	运行状态指示	指示正确		
	输入输出电压、电流	正常		
	风扇运行状况	平稳无噪音		
	蓄电池状态	无漏液、无变形		
中央控制盘	柜内外的清洁情况	清洁无杂物		
	运行状态指示	指示正确		
就地控制盘	灯检测试	灯无故障		
	运行状态指示	指示正确		
滑动门	开关门情况	无拖地及二次关门现象,中分平齐		
	门头指示灯	显示正常		
固定门	固定门玻璃、立柱和密封胶条	无弯曲变形和刮花		
应急门	应急门玻璃和密封胶条	无弯曲变形和刮花		
	上、下锁是否锁闭	关闭且锁紧		
端门	端门玻璃和密封胶条	无弯曲变形和刮花		
	闭门器状态	可自动关门,且功能良好		
	手动解锁装置	可实现正常开门		
瞭望灯带	灯带状态	灯带亮度适中,无暗点		
警示灯带	灯带状态	灯状态与门体启闭一致,无暗点		
激光探测装置	激光控制盒	稳固无损坏,指示灯显示正确		
	激光探测器	牢固无松动,探测性能良好		

备注:异常情况、部件更换、重大调整记录此表中(可另附页)。

2. 月度检修

月度检修指为防止设备劣化、维持设备性能而进行的以清扫、检查、润滑、紧固、调整为主要内容的月度保养,月度检修内容如表 11.2 所示。

表 11.2　屏蔽门月度检修内容及标准

检修计划		设备站点		
检修负责人		检修作业人		
检修项目	检修内容	检修标准	状态及测量数值	备注
门机系统	门机系统清洁及完整性检查	清洁门机系统积尘,检查部件完整性	完成 □	
	接线端子检查及紧固	各接线端子、CAN 总线插头紧固,无松动、脱落	完成 □	
	螺丝检查及紧固	电磁锁、锁挡支架、偏心螺母、拨叉、滑轮组、开关组件固定无松动	正常 □ 异常 □	
	电机	电机转动正常,无异常声音;固定装置紧固、无松动	正常 □ 异常 □	
	前盖板及相关机械部件	固定装置紧固、无松动;气动支撑运行平缓无前冲现象;盖板锁可灵活解锁,锁闭牢靠,不自动弹开	正常 □ 异常 □	
	门锁机构	电动锁动作正常,无阻塞现象,行程开关活动触点压下和弹起动作灵活、可靠,且行程开关间隙为 3 ± 1 mm,手动解锁顶杆与电磁锁手动解锁撞块间隙为 5 ± 1 mm	正常 □ 异常 □	
	丝杆传动装置	表面无裂纹、无异物,运行时平稳,噪音小;固定装置紧固、无松动	正常 □ 异常 □	
	LCB 及 DCU 接线盒	接线紧固、无氧化现象、无破损、无异味,接线端子电压正常	正常 □ 异常 □	
就地控制盘	运行状态指示	指示正确	正常 □ 异常 □	
	指示灯状态	指示灯显示正常、无故障	正常 □ 异常 □	
	开关按钮	各钥匙开关旋转灵活,无卡滞阻塞,钥匙开、关门位具备互锁功能;试灯按钮按压复位正常,无卡滞阻塞现象,完好无破损	正常 □ 异常 □	

续表

检修项目	检修内容	检修标准	状态及测量数值	备注
就地控制盘	进出线	进出线完好,无破损,接线头牢固、不松动,无过热现象	正常 □ 异常 □	
	性能测试	可正常开关门操作,互锁解除功能正常	正常 □ 异常 □	
	盘面清洁	清洁 PSL 表面积尘	完成 □	
滑动门	开关门情况	门体中分平齐无拖地现象,门体门槛间隙为 10±3 mm,左右门平整度为 5±2 mm	正常 □ 异常 □	
	手动解锁装置	动作可靠、灵活,无变形,无破损	正常 □ 异常 □	
	模式转换开关	开关组件固定无松动,开关触点转换动作灵活可靠,接线无松动,各挡位功能正常	正常 □ 异常 □	
	密封胶条、毛刷	无松动、脱落,无破损、缺失,门体运动时与防夹胶条无摩擦且间隙范围为 5±2 mm	正常 □ 异常 □	
	门体	门体无破损,无裂纹,无异物	正常 □ 异常 □	
应急门	门机系统清洁及完整性检查	清洁盖板内无积尘,检查部件完整性	完成 □	
	行程开关检查(24个)	紧固及接触良好,无压死现象,无破损,无异物	正常 □ 异常 □	
端门	清洁及完整性检查	清洁盖板内积尘,检查部件完整性,继电器无破损、锈蚀	正常 □ 异常 □	
	开关门状态	开关门时与站台地面不产生摩擦,门头灯正常显示	正常 □ 异常 □	
	闭门器性能	无风压下,打开角度<90°时自动闭门,打开角度≥90°时能自动定位	正常 □ 异常 □	
	锁推杆、手动解锁装置	能正常开门,无阻塞现象	正常 □ 异常 □	
	门锁机构、行程开关	固定装置紧固无松动,关门后上下锁机构锁闭牢靠,锁销、行程开关组件动作灵活可靠,无卡滞阻塞现象	正常 □ 异常 □	

续表

检修项目	检修内容	检修标准	状态及测量数值	备注
端门	行程开关检查	紧固及接触良好,无压死,无破损,无异物	正常 □ 异常 □	
屏蔽门控制室	设备清洁及房间检查	地面整洁,无异物,无漏水,墙体及静电地板无破损;设备及机柜内无明显杂物、灰尘	正常 □ 异常 □	
	电源系统	各模块运行正常,指示灯、仪表指示正常,电源系统无异常报警,接线端线头无脱落、松动,无过热烧灼痕迹,无异味	正常 □ 异常 □	
	灯带控制箱	电源模块、时控器工作正常,接线端线头无脱落、松动,无过热烧灼痕迹,无异味	正常 □ 异常 □	
	监控软件	运行数据显示正常,故障数据显示准确,与综合监控时钟同步准确	正常 □ 异常 □	
	PSC 柜	PSC 机柜上所有电气元件工作正常,监控界面显示正常,接线端线头无脱落松动,无过热烧灼痕迹,无异味	正常 □ 异常 □	
激光探测装置	激光控制箱	各钥匙开关旋转灵活,无卡滞阻塞现象;按钮按压复位正常,无卡滞阻塞现象;指示灯显示、蜂鸣器报警功能正常;旁路功能测试正常	正常 □ 异常 □	
	光栅	光栅固定无松动,光栅探测精度不低于5,表面无浮尘	正常 □ 异常 □	
	辅助电气元件、接线	辅助电气元件、接线端线头无脱落、松动,无过热烧灼痕迹	正常 □ 异常 □	
灯带	防踏空灯带、瞭望灯带	显示正常,灯带固定无松动,紧固良好,接线端线头无脱落,无过热烧灼痕迹	正常 □ 异常 □	
系统运行分析				
安全措施				
问题及相关处理情况				

续表

检修项目	检修内容		检修标准	状态及测量数值	备注
检修材料消耗情况	序号	名称	型号及规格	单位	数量
检修耗时情况					

3. 季度检修

季度检修指为保证屏蔽门系统设备处于良好的机械状态、减少机械磨损、延长机械寿命而进行的季度保养。季度检修内容如表 11.3 所示。

表 11.3 屏蔽门季度检修内容及标准

检修计划（作业令）号		设备站点		
检修负责人		检修作业人		
检修项目	检修内容	检修标准	状态及测量数值	备注
门机系统	门机系统清洁	盖板内无异物及灰尘,门机运动无异响	完成 □	
	丝杆螺母副	丝杆螺母副与丝杆之间的轴向间隙≤4 mm	正常 □ 异常 □	
	悬挂滚轮	滚轮运行平稳,无开裂、破损,固定牢固,无松动,防跳轮与上部间隙为 3±1 mm	正常 □ 异常 □	
滑动门	开关门时间及噪音测试	开门时间为 2.5—3.5 s,关门时间为 3.2—4.0 s,噪音值≤70 dB(A)	正常 □ 异常 □	
	障碍物探测	遇到障碍物可自动打开(5 mm×40 mm×200 mm)	正常 □ 异常 □	
	关门力测试	不大于 150 N	正常 □ 异常 □	

续表

检修项目	检修内容	检修标准	状态及测量数值	备注
滑动门	手动解锁力	小于 67 N	正常 □ 异常 □	
	门导靴	无变形、开裂、松动,导槽内无阻塞现象,无摩擦噪声,导靴保护套无脱落	正常 □ 异常 □	
	防踏空胶条	紧固无松动	正常 □ 异常 □	
应急门	锁机构、上下铰链	固定螺丝无松动,锁销动作灵活可靠	正常 □ 异常 □	
	行程开关	开关组件固定无松动,活动触点压下和弹起动作灵活可靠	正常 □ 异常 □	
	旁路转换开关	开关组件固定无松动,钥匙旋转灵活,无卡滞阻塞现象,旁路功能正常	正常 □ 异常 □	
	上下锁舌检查	上下锁舌伸出距离为 20±5 mm,落锁位置准确	正常 □ 异常 □	
	开关门情况	站台侧旋转 90°平开,并且能定位保持在 90°,不自动复位,开关门顺畅,门头灯正常显示,门体锁闭牢靠	正常 □ 异常 □	
	锁推杆、手动解锁装置	能正常开门,无阻塞现象	正常 □ 异常 □	
固定门	上下部插销检查	完好无损坏,整个门体稳固不松动	正常 □ 异常 □	
端门	开关门状态	开关门时与站台地面不产生摩擦,门头灯正常显示,手动解锁结构正常	正常 □ 异常 □	
屏蔽门控制室	柜内外的除尘	环境整洁干净,无明显杂物、灰尘	正常 □ 异常 □	
	蓄电池检查	市电停电状态下蓄电池正常投入使用,1 h 内可正常开关 5 次,蓄电池充放电正常,驱动电源及控制电源电压输出为 DC 110±10% V	正常 □ 异常 □	

续表

检修项目	检修内容	检修标准	状态及测量数值	备注
屏蔽门控制室	UPS检查	外观正常,旁路切换正常,电压输出为 220±10% V	正常 □ 异常 □	
	接线端子检查及紧固	各接线端子、PEDC、电源及总线插头紧固,无松动、脱落	正常 □ 异常 □	
激光探测装置	激光控制箱	钥匙开关旋转灵活,无卡滞阻塞现象;按钮按压复位正常,无卡滞阻塞现象;指示灯显示正常,蜂鸣器报警功能正常	正常 □ 异常 □	
	光栅	光栅固定无松动,光栅精度不低于5	正常 □ 异常 □	
灯带	防踏空灯带、瞭望灯带	灯带固定无松动,紧固良好,接线端线头无脱落,无松动,无过热烧灼痕迹	正常 □ 异常 □	
系统运行分析				
安全措施				
问题及相关处理情况				
检修材料消耗情况	序号	名称	型号及规格	单位	数量
检修耗时情况				

4. 年度检修

年度检修指为防止机械部件因长期磨损、间隙增大、配合改变而引起的设备机械性能的劣化而进行的年度检修,年度检修内容如表11.4所示。

表 11.4 屏蔽门年度检修内容及标准

检修计划(作业令)号		设备站点		
检修负责人		检修作业人		
检修项目	检修内容	检修标准	状态及测量数值	备注
滑动门	门头电源(DC 110 V)接线端子	电源线接线牢固,无松动、脱落	正常 □ 异常 □	
	门体螺栓检查及固定	紧固无松动,无缺件	正常 □ 异常 □	
	导靴、导槽	无变形、开裂、松动,导槽内无阻塞现象,无摩擦噪声,导靴保护套无脱落	正常 □ 异常 □	
门槛	门槛紧固	门槛间隙均匀一致,螺丝紧固无松动	正常 □ 异常 □	
	门槛等电位连接件	连接牢固无松动	正常 □ 异常 □	
	门槛支撑件上下绝缘件	绝缘件整体无损坏,表面无异物,绝缘板及绝缘子无缺件	正常 □ 异常 □	
防踏空胶条	防踏空胶条	固定螺栓无松动,胶条无变形、无异色,显示正常	正常 □ 异常 □	
其他	门体内等电位线	连接良好、无松动	正常 □ 异常 □	
	后封板	螺丝紧固无松动,无任何外倾现象	正常 □ 异常 □	
	绝缘测试	绝缘性能良好,绝缘阻值≥0.5 MΩ	正常 □ 异常 □	
系统运行分析				
安全措施				
问题及相关处理情况				
检修材料消耗情况	序号	名称	型号及规格	单位	数量
检修耗时情况				

11.3.2 检修标准

1. 滑动门(ASD)

① 滑动门密封胶条无膨胀、鼓包现象,门关闭时密封胶条能相互紧咬吻合,无缝隙,不发生漏风现象。

② 滑动门与两侧立柱的间隙处防夹胶条应无膨胀、鼓包现象。

③ 滑动门开关门时平稳运行,运行时间在设计允许时间内,无前后左右摆动现象,无异常杂音。

④ 滑动门关门遇到障碍物时立即停止移动并释放关门力,在 3 s 后再次关门。当重复关门 3 次滑动门仍不能关闭时,滑动门完全打开并报警。

⑤ 滑动门在关门过程中,当滑动门行程超过 1/3 后,给门施加一反作用力,电机不断电,此时测得的关门力不大于 150 N。

⑥ 手动解锁需要的力≤67 N,手动将滑动门打开到全开度过程所需要的力最大值≤133 N。

⑦ 滑动门门扇关闭后两滑动门门扇中缝没有明显的缝隙,滑动门门扇、应急门门扇与门楣之间的间隙不大于 5 mm。

⑧ 滑动门门扇和固定门门扇、滑动门门扇与应急门门扇之间的间隙,在门扇未受横向负载条件下,上下应均匀一致。

2. 固定门(FIX)

① 固定门上部插销和下部插销完好无损坏,整个门体稳固不松动。

② 固定门门扇与门楣和地槛之间间隙尽可能小和均匀。

3. 应急门(EED)

① 应急门在正常运行时关闭并锁紧,门体下部与站台地面的间隙不大于 5 mm。

② 应急门能向站台侧旋转 90°平开,并且能定位保持在 90°,不会自动复位,其锁销与门扇部件及站台地面(含盲道)之间不会发生摩擦。

③ 应急门在站台侧用钥匙开门时活动无阻塞现象,在轨道侧推压手动解锁装置的开门推杆能将门打开,无阻塞现象。

④ 应急门上下转动轴承转动自如,无阻塞现象。

⑤ 应急门锁闭和解锁信号能反馈到中央控制盘(PSC)并进行显示。

4. 端门(MSD)

① 端门在正常运行时关闭并锁紧,开关门时门体与站台地面不产生摩擦。

② 端门向站台侧旋转 90°平开,能定位保持在 90°。

③ 端门在站台侧用钥匙开门时活动无阻塞现象,在轨道侧推压手动解锁装置的开门推杆能将门打开,无阻塞现象。

④ 端门开启/关闭信号能反馈至中央控制盘(PSC)并进行显示。

5. 活动盖板

① 车站整体活动盖板外观水平,无倾斜,各盖板之间间隙均匀一致、协调统一。
② 盖板外观平整,无凹陷。
③ 站台侧使用三角钥匙开盖板时无阻塞现象。
④ 盖板在正常开启过程中启动速度较慢,无任何前冲现象,平稳可靠。

6. 丝杆传动装置

① 丝杆表面光滑,无裂纹,无磨损坑槽,无弯曲。
② 丝杆转动灵活、平稳,无异常振动抖动,低噪声。
③ 螺母固定且锁紧,水平滑动灵活,自润滑良好,无异常摩擦声响。

7. 电机

① 直流无刷电机运行无异常声音,电机轴旋转时无抖动现象。
② 在正常工作条件下无异常气味,无过热现象。
③ 电机联轴器完好,无裂纹,紧固螺丝应紧固无松动,转动部位润滑良好。
④ 电机电源进出线缆应绝缘良好,无破损;接插线头连接良好,无松动、发热现象。

8. 门控单元(DCU)

① 门控单元安装牢固、不松动,外壳清洁无灰尘,无破损裂纹。
② 门状态指示灯点亮和熄灭正常,外壳完整、无破损。
③ 执行系统控制和就地控制设备发来的控制命令,能够采集并发送门状态信息及各种故障信息。
④ 输出/输入电源线、数据总线等接线完好无破损,接线头牢固、不松动,无过热现象。

9. 就地控制盒(LCB)

① 操作装置固定牢靠且钥匙开关旋转灵活,无卡滞阻塞现象。
② 进行 LCB 操作时蜂鸣器声音响亮正常,且与门状态指示灯频率同步。
③ 进出线完好,无破损,接线头牢固不松动,无过热现象。

10. 门槛

① 门槛表面无损伤,无明显变形,无粘贴异物。
② 门槛分为内外两块,中间形成自然导槽,滑动门导靴在其中滑动自如,无明显摩擦噪声。
③ 导槽内无杂物和尘土,无阻塞滑动门导靴现象。

11. 就地控制盘(PSL)

① 就地控制盘上各指示灯显示功能正常。
② 钥匙开关旋转灵活,无卡滞阻塞现象。
③ 不操作时,面板上的关闭且锁紧状态指示灯能真实反映屏蔽门的状态。

④ 指示灯测试按钮按压、复位正常,无阻塞现象,能检测盘上的所有指示灯。
⑤ 在允许操作状态下,就地控制盘能控制屏蔽门进行开门、关门操作,可以向信号系统发送互锁解除信息。
⑥ 综合监控系统可以探测到就地控制盘的操作状态信息。

12. 中央控制盘(PSC)

① 中央控制盘上的各指示灯能正常点亮和熄灭。
② 柜内的逻辑控制部件外部完好,无破损,无过热现象,进出硬线完好无损伤,接头牢固不松动。
③ 继电器外壳完好无破损,接线头牢固不松动,无过热现象。
④ 监控主机运行良好,无异常噪声,连接线完好无破损,能够自动检测屏蔽门系统内部的一些重要故障,包括电源故障报警和 UPS 故障报警、控制网络故障、DCU 等相关设备故障,能进行故障显示或故障记录。
⑤ 柜内应清洁无灰尘,进出线排列整齐,端子排所有接线头应牢固不松动,无过热现象。

13. 驱动/控制电源柜

① 电源柜盘面上主要信号指示灯、显示屏能正常显示。
② 各馈电开关状态显示良好,无过热现象。
③ 柜内进出线端子排接头牢固不松动,各类接线完好,无破损,无异味,无过热现象。
④ 柜内各类电气设备、电气元件运行良好,整齐整洁,无灰尘。

14. 蓄电池柜

① 蓄电池柜对应的信号指示灯、显示屏能正常显示。
② 蓄电池正负极接头、正负电源馈线应良好,无过热、过电流现象。
③ 蓄电池外观无变形,外表清洁,无油迹,无灰尘,无液体泄漏,无酸性气体逸出现象。

15. 不间断电源(UPS)

① 液晶显示屏能正常显示工作状态。
② 运行平稳,无异常声响,逆变输出电源电压正常。
③ UPS 故障影响运行时能自动转为旁路供电。
④ 交流输入不正常或失电时,UPS 能逆变后输出 AC 220 V 电源。
⑤ 柜内进出线端子排接头牢固不松动,各类接线完好,无破损,无异味,无过热现象。
⑥ 各馈电开关状态显示良好,无过热现象。

16. 绝缘性能

在 500 V 直流试验电压下,测量的绝缘电阻≥0.5 MΩ。

17. 接地

屏蔽门控制室设备接地电阻≤1 Ω。

参 考 文 献

[1] 翁桂鹏.城市轨道交通车站屏蔽门系统运行与维护[M].成都:西南交通大学出版社,2018.
[2] 郝晓平.城市轨道交通屏蔽门、电扶梯检修工[M].北京:人民交通出版社,2017.
[3] 陈韶章.地下铁道站台屏蔽门系统[M].北京:科学出版社,2005.
[4] 广州市地下铁道总公司.机电设备检修工屏蔽门检修[M].北京:中国劳动社会保障出版社,2010.